KB128447

최유진 저

도시, 다시 기회를 말하다

쇠퇴하는 도시의 일곱 가지 난제 풀이

박영사

도시,
다시 기회를 말하다

쇠퇴하는 도시의 일곱 가지 난제 풀이

머리말

사람과 달리 도시는 쇠퇴할 수밖에 없다. 물론 사람도 늙는다. 그런데 사람의 경우 우리의 자녀들이 우리 삶을 대체하여 종족을 보존할 수 있지만 도시는 그럴 수 없다. 도시는 스스로 분열할 수도, 후손을 낳을 수도 없다. 인간에 의해 만들어진 모든 것이 그러하듯이 만들어진 도시는 반드시 쇠퇴할 수밖에 없다.

저자가 박사학위를 받은 학교가 위치한 클리블랜드(Cleveland)라는 도시는 쇠퇴하는 도시의 전형과도 같다. 인구의 감소가 미국 내 최고 수준일 뿐만 아니라 환경문제, 빈부격차 문제, 도시 공동화 현상에서부터 범죄문제에 이르기까지 쇠퇴하는 도시가 겪는 모든 문제가 집약되어 있는 공간이었다. 이와 같은 이유로 석사까지 행정학을 전공한 저자는 쇠퇴하는 도시가 직면한 문제들을 최소화하기 위한 행정의 역할에 관해 고민할 수밖에 없었다.

이에 저자는 그 시절의 고민과 현재의 문제 인식을 바탕으로 '도시, 다시 기회를 말하다(부제: 쇠퇴하는 도시의 일곱 가지 난제풀이)'를 존경하는 스승님들, 선배 교수님들 그리고 후배들 앞에 내 놓는다. 아직 성취가 많지 않기에 매우 부끄럽지만 도시의 희망을 찾아 떠나는 긴 여정의 첫 걸음 정도로 이 졸작을 이해해주었으면 하는 마음이다.

이 책의 주요 특징을 간단히 소개하면 다음과 같다 .

첫째, 이 책은 이론과 현장을 적절히 조화시키려 하였다. 이론서가 놓치기 쉬운 현장 감각을 최대한 살리기 위해 저자가 직접 사진을 찍고 현장 취재를 한 부분도 적지 않다. 그렇다고 이론을 간과한 것은 아니다. 물론 주제와 관련이 없는 도시이론은 최대한 배제하였지만 반드시 짚고 넘어가야 할 이론은 현장 문제와 적절히 결부시켜 설명하였다.

둘째, 쇠퇴하는 도시가 직면한 문제를 해결할 수 있는 정책의 방향성을 제시하려 하였다. 도시가 직면한 다양한 문제를 정책 개입으로 모두 풀 수 없다. 만약 그럴 수만 있다면 도시 안의 우리 삶이 이렇게까지 어려워지지 않았을 것이다. 하지만 학자로서 정책의 방향성을 제시할 의무가 있으므로 모든 장에 정책에 관한 저자의 생각을 포함하였다.

셋째, 사회적 경제나 그린빌딩의 확산 등 최근의 도시 문제를 다루고 있다. 사회적 경제나 그린빌딩, 브라운필드 재활용 등은 최근 학계의 논의가 활발해지고 있다. 하지만 매우 전문적이어서 일반 독자나 학계에 막 접근하고자 하는 학문 후속세대가 연구 논문만으로 이해하는 것에는 한계가 있다. 따라서 최근의 도시행정 이슈에 관해 개념적 해설부터 정책 방향에 이르기까지 쉽지만 폭넓게 다루고자 하였다.

이 책을 기획한지 5년 만에 탈고를 마쳤다. 충분히 공부가 안된 부분은 조금 더 깊게 알아보고 내용을 채우려 했기에 시간이 지체되었다. 그럼에도 불구하고 여전히 부족한 부분이 많은 저서임에 틀림이 없다. 이해가 부족한 부분이나 보충 설명이 필요한 부분은 선후배 교수님들의 조언과 독자들과의 소통을 통해 메꿔나가도록 할 것이다.

끝으로 이 책의 기획단계에서부터 탈고되기까지 아낌이 없이 지원해 주시고 격려해주신 박영사의 안종만 대표님과 실무를 책임져 주신 장규식 과장님 그리고 책이 아름다운 옷을 입을 수 있도록 디자인을 입혀주신 전은정 선생님께 감사의 말씀을 드린다. 또한 빛도 없이 이름도 없이 수고하고 애써주신 모든 박영사 식구들에게도 감사의 마음을 표하고자 한다. 박영사의 명성에 누만 끼치지 않았으면 하는 바람이다. 늘 외조와 내조를 아끼지 않는 사랑하는 아내와 삶의 최고 윤활유인 사랑하는 아들에게 자주 함께하지 못한 가장의 미안한 마음을 전한다. 그리고 사랑의 마음도 전한다.

마지막으로 졸저를 집필할 수 있는 지혜와 여건을 허락하신 살아계신 하나님께 찬양과 영광을 드린다.

2017년 12월

아들이 신나게 떠들고 있는 안성의 한 아파트에서

저자 최유진

차 례

01

도시란 무엇인가?

– 도시, 도시화 그리고 우리의 삶

도시란 무엇인가?

도시, 도시화 그리고 우리의 삶

: 도시란 무엇인가?

딱히 정확한 개념 정의는 하지 못하더라도 '도시'라는 단어의 뜻을 모르는 독자는 없을 것이다. 도시와 함께 연상되는 이미지를 떠올려보자. 독자들은 어떤 이미지가 떠오르는지 모르겠지만, 필자는 높은 빌딩 숲과 그 안에서 어디론가 분주히 움직이는 수많은 인파가 생각난다. 또한, 최근 미세먼지 포비아가 도시민을 공포 속에 밀어 넣고 있어서인지 희뿌연 하늘과 자동차 소음 역시 쉽게 연상된다. 아마 독자들이 떠올렸을 이미지 역시 이와 크게 다르지 않을 것이다. 도시 안에서 살아가는 우리의 눈에 도시는 유사하게 비춰지고 있는 듯하다.

그렇다면 세계의 석학들은 우리가 살아가고 있는 이 터전, 도시를 어떻게 정의하고 있을까? 사회학적 관점의 워스(L. Wirth)와 경제학적 관점의 베버(M. Weber) 그리고 쇼버그(G. Sjöberg)의 정의를 살펴보자.

도시의 정의에 관해서 가장 먼저 언급되는 학자가 사회학자인 워스(1938)이다. 워스는 도시를 '사회적으로 이질적인 사람들로 구성되어 있고 상대적으로 넓은 면적과 높은 인구 밀도를 가진 정주지'로 정의하고 있다. 도시를 정의할 때 매우 중요한 단어가 하나 등장한다. 바로 '이질적인'이라는 표현이다. 도시는 매우 이질적인 사람들로 구성되어 있다. 다시 말해, 경제적 · 문화적 · 종교적 · 인종적 분화가 이루어진 장소가 바로 도시라는 것이다. 도시화가 많이 진행된 지역일수록 이런 분화의 정도는 커지지만 반대로 도시화가 이루어지지 않은 지역은 경제적 · 문화적 · 종교적 · 인종적 동질성을 그 특징으로 한다. 우리나라의 농촌 지역만 보더라도 워스의 정의를 큰 의심 없이 받아들일 수밖에 없을 것이다. 농촌 지역은 상대적으로 소득 수준의 분산이 도시에 비해 크지 않으며 누리는 문화 수준 역시 주민들 간 매우 유사하다.

한편, 경제학자인 베버(1969)는 도시를 경제학적 관점에서 '주민의 대부분이 농업이 아닌 공업 또는 상업으로부터의 수입으로 생활하는 커다란 마을'로 정의하였다. 역시 매우 중요한 도시의 특징이 등장한다. 도시민은 주로 공업이나 상업 부문에 종사하며 대부분의 수입을 공업과 상업 활동에 의존하며 살아가고 있다. 따라서 도시의 주요 산업은 농업일 수 없으며 일부 지역에서 농업에 종사하는 인구가 남아있더라도 매우 소수이거나 도시인에게 농업은 일종의 취미활동 중 하나로서 의미를 가진다.

마지막 소개할 학자는 역시 경제학자인 쇼버그(1955)이다. 쇼버그는 도시를 '지적 엘리트를 포함한 다양한 비농업적 전문가가 많으며 큰 규모의 인구와 높은 인구 밀도

사진출처: The Odyssey Online

뉴욕의 브로드웨이

아마 우리가 떠올릴 수 있는 대표적인 도시의 이미지가 바로 이곳 브로드웨이가 보여주는 이미지 아닐까? 매일 유명한 뮤지컬이 끊임없이 상영되는 이곳이야말로 "도시란 무엇인가?"에 정답을 제시하는 곳이 아닐 수 없다.

바그다드 전경

머서(Mercer)와 같이 세계 도시의 삶의 질 순위를 매기는 다국적 기업에서 조사할 때마다 가장 삶의 질이 열악한 곳으로 꼽히는 곳이 바로 이라크의 바그다드이다. 하지만 바그다드 역시 이라크 내에서는 상대적으로 도시의 정의에 가까운 공간이다.

를 갖는 공동체'로 정의하고 있다. 쇼버그는 비농업적 전문가와 높은 인구 밀도를 중심으로 도시를 이해하고 있다. 도시는 전문가로 구성되어 있다고 해도 과언이 아니다. 긍정적인 의미에서든 부정적인 의미에서든 자본주의가 우리 삶을 지배한 이후 자본주의는 도시민에게 전문가가 될 것을 강요하였다. 전문가가 되어야만 경쟁에서 승리할 수 있으며 부를 축적할 수 있기 때문이다. 역설적으로, 도시민은 자기의 전문 분야 외에는 문외한일 경우가 많으므로 조금만 노력하고 시간을 투자하면 해결할 수 있는 일이라고 하더라도 관련 전문가에게 비용을 주고 맡겨 버린다. 도시민의 이러한 특성 때문에 다양한 직업의 종류가 도시에 존재하는 것인지도 모른다. 이런 측면은 긍정적으로 바라볼 수도 있을 것이다.

또한, 쇼버그에 의하면, 우리 도시는 인구밀도가 매우 높은 공간적 특성을 보인다. 인구밀도가 높다는 것은 매우 다양한 의미를 내포하고 있다. 어느 정도 수준 이상의 인구밀도를 나타낸다면 아마 인간의 정주 여건은 매우 열악해질 수 있다. 도시민이 배출하는 오염물질로 인해 환경은 더러워질 것이고 더러워진 환경은 도시민의 건강에 위해를 미칠 수 있다. 좁은 공간에 아웅다웅 살아가다 보면 물론 이웃 간에 정이 들 수 있지만 도시라는 공간 자체의 경쟁적 요소로 인해 오히려 스트레스 지수를 높일 가능성이 크다. 이는 범죄 등의 사회문제로 표출될 수 있다.

지금까지 이 책의 주제인 도시라는 공간의 정의와 간단한 특징에 관해 살펴보았다. 앞서 이야기한 대로 도시라는 공간의 학술적 정의를 충분히 알고 있거나 이해하지 못하더라도 우리는 이미 우리 마음속에 도시라는 공간이 주는 느낌을 감성적으로 이미지화하여 이해하고 있다. 독자가 그리는 그 이미지가 실체적으로 존재하는 바로 그곳이 '도시'이다.

도시화의 과정

도시는 어떤 과정을 거쳐 생성될까? 그 물음에 답을 찾아보자. 다음의 그림은 유명한 데이비스(1969)의 S 커브이론을 보여주고 있다. 초기 단계의 도시는 도시인구비율이 30%를 넘지 않는다. 도시인구비율이란 농업에 종사하는 사람이 아닌 공업과 상업 혹은 서비스업 등 2, 3차 산업에 종사하는 사람을 의미한다.

도시화의 초기 단계를 거쳐 가속화 단계에 이르면 도시 인구는 기하급수적으로 증

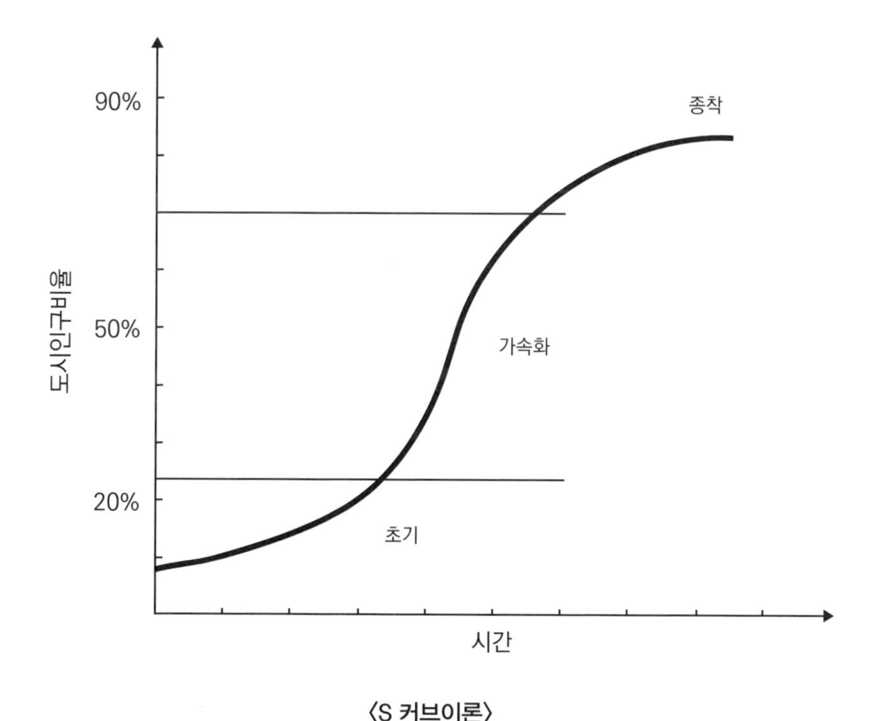

〈S 커브이론〉

가한다. 매우 이른 시간 안에 농업 종사자의 수가 지역 내에서 급감하며 대부분의 사람이 공업과 상업, 서비스업으로부터 수입을 얻는다.

종착 단계에 이르면 도시인구의 비율이 완만하게 성장하는데 이제 더이상 증가하지 않을 때까지 서서히 증가하는 양상을 보인다. 종착 단계는 도시 안에 사는 사람 중 도시인구비율이 거의 100%에 이르는 상태를 의미한다.

그렇다면 초기 단계 도시의 모습과 가속화 단계 도시의 모습 그리고 종착 단계 도시의 모습이 어떻게 다른지 한번 생각해보자.

초기 단계 도시에서는 여전히 농업이 주력 산업이며, 공업과 상업 역시 농업을 뒷받침하기 위한 연관 산업인 경우가 많다. 도시가 처음 생성되는 단계에서는 사람들의 이동이 잦은 편이 아니다. 여전히 농촌 지역의 특징이 남아 있어 마을 공동체는 활성화되어 있는 상태이다. 초기 단계 도시는 생산성이 매우 낮으나[1] 거주자의 삶에 대한 만족도는 대체로 높은 편이다.

가속화 단계에 있는 도시의 주력 산업은 2차와 3차 산업이다. 농업 인구가 급감하는 시기라 할 수 있다. 이 단계에서는 도시민의 사회적 이동이 매우 빈번하게 발생한다. 따라서 마을 공동체는 유지될 수 없다. 공동체로서의 도시가 해체되고 집단 거주지로서 도시가 의미를 가지게 된다. 가속화 단계에서는 도시 안에서 발생하는 각종 사회 문제, 예를 들어, 범죄, 환경오염, 빈부 격차, 인재로 인한 재해 등이 발생한다. 생산성이 매우 높아졌으나 이와 같은 사회문제로 인해 도시민의 삶의 질은 매우 떨어지게 된다.

종착 단계에서는 3차 산업이 도시의 주력 산업이 된다. 2차 산업을 위한 공장 지대 역시 도시에서는 자취를 감추고 금융 산업, 서비스 산업 등에서 도시민은 수입을 올린다. 종착 단계에 있는 도시의 가장 큰 특징은 생산성과 삶의 질이 모두 낮아진다는 것이다. 가속화 단계에서는 사회문제의 발생으로 삶의 질이 떨어졌는데 종착 단계에서는 사회문제가 만연하게 되어 도시의 막대한 자산이 사회문제 해결에 투입되므로 도시의 생산성 역시 타격을 받는 것이다. 이 단계에 도달한 도시는 쇠퇴의 길을 걸을 수도, 지속가능한 도시로서 꾸준한 성장을 거듭할 수도 있는데 도시재생의 성공 여부가 미래의 문을 여는 열쇠가 된다.

1 생산성이 낮다는 의미는 투입하는 노동과 시간 대비 산출이 많지 않다는 의미이다.

선진국과 개발도상국의 도시화 과정

선진국과 개발도상국의 도시화 과정은 서로 사뭇 다르다. 선진국의 도시화는 매우 오랜 기간을 걸쳐 서서히 이루어진다. 농경 사회를 거쳐 사람들이 주로 상업에 종사하면서 물건을 교환하기 위해 모여들기 시작하는 것이 도시화 과정의 출발이다. 대부분의 도시민은 자기가 태어난 도시를 떠나지 않는다. 떠나게 되는 거의 유일한 이유가 대학 진학이라고 할 수 있으며, 대학을 졸업한 후에는 다시 고향으로 돌아와 취직하는 것이 매우 자연스럽게 받아들여지고 있다. 따라서 선진국의 도시에서는 정도의 차이가 있을지언정 공동체의 해체 과정을 겪지 않는다. 선진국의 도시화 과정을 한마디로 정의하자면 상향식(bottom-up) 도시화라 할 수 있다.

반면에 개발도상국의 도시화는 정부 정책의 산물이다. 정부의 국토 개발 정책에 따라 특정 지역이 도시로 될 수도, 농촌 지역으로 남을 수도 있다. 따라서 매우 짧은 시간에 도시 하나가 뚝딱 생성된다. 도시 개발 과정에서 원래 그 지역에 살고 있던 원주민들이 도시를 떠나고 새롭게 이주하는 주민들로 도시민이 다시 구성된다. 이를 요약하면 한마디로 하향식(top-town) 도시화라 할 수 있으며 하향식 도시화 과정에서 공동체의 해체는 어쩌면 매우 당연하고 필연적이다.

공동체의 유지라는 측면에서 선진국의 도시화 과정이 일반적으로 좋은 평가를 받을 수 있지만, 사회 문제의 발생 빈도와 악영향 정도를 고려해보면 반드시 선진국의 도시화가 좋은 결과를 창출하는 것은 아니다. 장단점은 늘 존재하기 마련이다.

프랑스 파리의 전경

파리, 런던과 같은 유럽의 대도시는 자생적인 발전이 특징이다. 도시의 규모는 매우 크지만, 계획 자체가 체계적으로 수립되어 도시가 생성된 계획도시로 볼 수는 없다. 상향식 도시화 과정을 거친 대표적인 도시라 할 수 있다.

동탄 신도시 건설 현장

동탄 신도시는 최근 가장 주목받았던 신도시라 할 수 있다. 상대적으로 매우 짧은 기간에 도시가 완성되었다. 이는 정책에 의한 도시 생성을 보여주는 전형적인 예라 할 수 있다.

선진국의 도시들은 매우 광활하며 공동체 역시 유지되는 경향이 있지만 사회 문제가 매우 고질화되는 측면이 있다. 오랜 기간 특별한 계획 없이 사람들이 모여들어 도시가 성장하다 보니 도시가 잘 정돈된 느낌이 없다. 도시 성장의 한계가 명확히 설정되어 있지 않으므로 인구의 과밀화로 다양한 사회 문제가 발생한다. 환경은 더 오염되어 있으며 도시민의 빈부 격차 역시 매우 크다. 또한, 도시 내부의 파편화와 슬럼화로 인해 도시민 간 갈등 발생 여지도 크고 범죄 역시 자주 발생하는 편이다.

반면, 개발도상국의 도시는 잘 계획된 계획도시이다. 비록 원주민을 이주시키고 새로운 도시민으로 도시를 다시 구성하지만 도시 성장의 한계점이 명확히 설정되다 보니 인구의 과밀화 현상이 잘 발생하지 않는다. 공급하게 될 주택과 학교의 수 등을 정부가 정하고 도시가 만들어지기 때문이다. 도시에 공급되는 주택의 질을 살펴보면 대략 새롭게 만들어지는 도시의 구성원을 추측할 수 있다. 예를 들어 고급 주택을 많이 공급한다면 도시는 중산층 이상의 주민으로 구성될 가능성이 매우 크다. 따라서 개발도상국의 도시는 선진국에 비해 상대적으로 균질한 주민들로 구성되어 사회문제가 고질적으로 발생할 가능성이 크지는 않다.

: 도시화 과정의 단계

반호브와 클라센(Vanhove and Klassen, 1980)은 도시화 과정을 세 단계로 구분하였다. 첫 번째 단계는 협의의 도시화 단계(urbanization)로서 인구가 갑자기 도시로 몰려드는 단계이다. 도시의 기반 시설이 충분히 갖추어지기 전에 도시의 인구가 기하급수적으로 증가함에 따라 기반 시설의 확충이 도시의 최대 과제가 된다.

두 번째 단계는 교외화 단계(sub-urbanization)로서 부족한 기반 시설로 인해 도시로 이주한 인구가 다시 도시의 외곽 지역 혹은 도시를 약간 벗어난 공간으로 이동하는 단계이다. 교외화 단계에 가장 큰 영향을 미치는 것은 교통의 발달이다. 특히 고속도로가 발달하고 개인 차량 보급률이 높아지면 교외화 현상은 더욱 심화된다.

마지막 세 번째 단계는 역교외화 단계(counter-urbanization)로서 도시로 유입되는 인구보다 도시에서 유출되는 인구가 더 많아지는 단계이다. 도시 내부의 삶의 질이 그만큼 떨어졌기 때문이다. 다만 도시 인구의 이동이 다시 농촌으로 향하지는 않는다. 교외 지역으로 향하므로 교외화가 굳어지는 단계라 할 수 있다. 도시의 인접 지역에 교외 지역이 형성되고 다시 그 교외 지역의 인접 지역에 2차로 교외 지역이 형성된다. 첫 번째로 형성되는 교외 지역을 1차 인접 교외(first ring suburban)라 하고 두 번째 형성되는 교외 지역을 2차 인접 교외(second ring subruban)라 부를 수 있을 것이다.

도시가 역교외화 형상까지 겪게 되면 도시는 대도시가 된다. 도시의 특징이 원래 농촌 지역에 가까웠던 1차 인접 교외 지역과 2차 인접 교외 지역까지 확산된다. 따라서 교외화되기 이전의 도시에 비해 도시의 규모가 매우 커진다. 교외화 현상과 역교외화 현상을 이끄는 것이 고속도로의 설치와 자가 운전자의 증가이므로 자기 차량이 없는 저소득층은 도시 내부에 남게 된다. 도시를 떠나 1차 혹은 2차 인접 교외 지역으로 떠나는 도시민은 대부분 소득 수준이 높은 사람들로서 삶의 질이 좋은 정주지를 찾아 이동하는 것이다. 하지만 이미 땅값이 많이 오른 교외 지역으로 저소득층이 이동한다는 것은 거의 불가능에 가깝다. 따라서 이들은 여전히 자기에게 일거리를 제공해주는 도심지 근처에 터를 잡게 되고 이 지역이 슬럼화되어 사회 문제가 발생한다.

: 도시가 된다는 것

과정이 상향식이든 하향식이든 도시화의 과정을 거쳐 완전체 도시로 거듭난 장소의 특징은 무엇일까? 이제 그 특징에 대해 하나씩 생각해보자.

가장 큰 특징은 도시라는 공간에 사는 사람들의 절대적 부가 증가했다는 점이다. 과거 농경사회와 초기도시사회의 특징은 노동의 생산성이 매우 낮다는 것이었다. 많은 시간 동안 많은 노동력이 투입되어도 경제적 부는 많이 획득하지 못하였다. 하지만 도시에 사는 도시민은 훨씬 적은 시간을 노동에 할애해도 많은 부를 축적할 수 있다. 이는 부가가치생산성이라는 개념과 관련이 있다. 산업이 고도화된 도시는 부가가치생산성이 매우 높은 사회이다. 같은 도시민 한 사람이 일주일 동안 일해서 밭을 경작한 경우와 같은 시간 동안 일해서 휴대폰을 생산하는 것을 비교하면 당연히 후자의 생산성이 훨씬 높을 수밖에 없다.

문화의 다양성을 즐길 수 있다는 점도 완전체 도시의 주요한 특징 중 하나이다. 도시는 문화와 예술의 다양성을 그 특징으로 한다. 많은 예술인이 모여 사는 공간이 도시이며 그들의 작품을 감상할 수 있는 미술관, 극장, 공연장 등이 즐비하다. 이에 반하여 농경사회에서 즐길 수 있는 문화의 종류는 매우 제한적이다. 일을 마친 후 저녁 시간을 통해 동네 주민끼리 가벼운 화투를 치는 것이 놀이의 전부이며 명절에 모여 전통놀이를 하는 정도로 놀이에 대한 갈증을 푼다.

세 번째 도시의 특징은 계층이 분화되는 공간이라는 점이다. 공식적인 계층이 존재하지 않는 사회라 할지라도 계층은 다양한 측면에서 분화한다. 부에 따라 분화하고 종교에 따라 분화한다. 또한, 교육수준에 따라 분화하고 직장의 수준에 따라서도 분화한다. 계급의 분화는 도시에서 발생하는 다양한 사회문제의 이유가 된다. 빈부 격차는 사회의 통일성을 저해하고 계급 간 갈등을 일으킨다. 종교 역시 모든 도시의 잠재적 갈등 요소이다.

네 번째 특징은 도시는 정치적으로 민주화되어 있는 공간이라는 점이다. 도시민은 민주주의를 사랑한다. 바로 앞서 설명한 것처럼 워낙 이질적인 사람들로 구성되었으므로 다양한 갈등이 발생할 수밖에 없고 갈등을 적절히 푸는 것이 지속가능한 도시의 존재를 위해서도 매우 중요하다. 이에 대부분의 도시는 민주주의를 통해 합의에 도달함으로써 이질적인 도시민을 하나로 묶는 체제를 고안해낸 것이다. 따라서 정치적 억압이나 압제, 개인의 자유와 언론의 자유에 대한 탄압 등이 상대적으로 덜한 장소가 도시라는 공간이다.

다섯 번째 특징은 도시라는 공간은 만성적인 사회문제의 공간이라는 점이다. 주로 이 문제들을 어떻게 극복하는지가 지속가능한 도시 성장의 최대 과제이다. 이 책도 주로 이 문제들을 다룬다. 도시는 오염된 공간이다. 도시민의 생활 자체가 오염물질을 배출하는 과정이며 산업화 과정을 거쳐 탄생한 도시는 그 과정에 배출한 수많은 오염물질이 집약적으로 축적된 공간이기도 하다. 오염은 환경 정의(environmental justice), 공중보건(public health) 등과 매우 관련이 있다. 이 점은 이 책의 곳곳에서 다룰 것이다. 또한, 도시는 다양한 범죄가 발생하는 장소이다. 물론 사람이 모여 살게 되면 필연적으로 범죄가 발생하지만 도시라는 공간의 범죄는 유형도 다양하고 정도도 심하며 발생 횟수도 매우 잦다. 아마 도시라는 공간이 주는 각박함이 정신 건강에 악영향을 미치기 때문인 것 같다.

이 장을 맺으며

그렇다면 그 안에 살아가는 우리의 일상을 어떻게 묘사할 수 있을까? 우선 현재 도시에 살아가는 우리는 자주 이사를 한다. 이사의 원인은 매우 다양하다. 중산층 이상 경제적으로 여유가 있는 가정은 아이 교육문제 때문에 좋은 학군을 찾아가기 위해 이사를 하고, 직장을 옮겨야 해서 할 수 없이 새로운 직장의 근처로 이사하기도 한다. 1980년대 초등학교에 다닌 사람들은 이사하는 친구 때문에 눈물을 쏟아 본 추억이 있을 것이다. 또한 새로 전학 온 아이가 있으면 그 친구의 존재 자체가 큰 화제가 된 기억도 있을지 모른다. 하지만 지금 우리의 교실은 그렇지 않다. 이동이 매우 빈번할 뿐만 아니라 설사 아주 친한 친구가 멀리 전학을 가더라도 휴대전화 메신저로 자주 연락을 취할 수 있기 때문이다.

이동이 매우 잦다는 의미는 도시의 공동체가 형성되지 않음을 의미한다. 따라서 우리는 주위의 삶까지 굳이 챙기지 않아도 된다. 친해져 봤자 곧 그 가족이 이사할 수도 있고 아니면 자신이 떠나야 할 수도 있기 때문이다. 그렇게 우리는 서로에게 서서히 무심하게 되었다. 도시민의 삶이 이렇다.

또한, 우리는 어려서부터 극심한 경쟁에 노출되었다. 유치원 입학부터가 경쟁이다. 사립 유치원과 공립 단설 유치원의 입학 경쟁률은 하늘과 땅 차이이다. 교육의 질이 상대적으로 떨어지지 않음에도 불구하고 교육비가 거의 들어가지 않는 공립 단설 유치원은 도시민에게 그림의 떡이다. 아파트 분양 역시 경쟁해야 한다. 소위 말하는 역세권에 새로 신축되는 아파트를 분양받기란 어지간한 요행이 아니면 힘들다. 청년들은 일자리를 놓고 경쟁해야 하며 부모들은 아이의 교육을 위해 경쟁하고 직장에서 승진을 위해 경쟁해야 한다.

도시의 외형적 확장으로 인해 부유해진 것은 확실한데 경쟁 스트레스에서 자유로울 수 없다. 대부분 도시민은 승자와 패자로 구분되며 이러한 경쟁 스트레스는 적극적으로는 범죄로, 소극적으로는 정신질환으로 나타나기도 한다. 도시민의 정신건강은 사회 전체가 풀어야 할 공동의 숙제가 되어버린 지 매우 오래되었다.

사회적으로 도시민은 익명성을 사랑한다. 자신을 드러내는 것을 그렇게 달가워하지 않으며 주위 사람들의 상황에 무관심하다. 물론 일부 가십을 좋아하는 도시민 부류도 있지만 대체로 도시민은 자신의 삶 외의 삶을 들여다보는 것을 즐겨하지 않는다. 당연히 주위 사람들이 내 삶에 필요 이상으로 간섭하는 것 역시 배척하는 편이다.

최근 신축되고 있는 아파트는 대부분 복도식 아파트가 아니다. 아파트에 사는 독자가 있다면 대부분 한 층에 단 두 개의 집만 존재하는 구조의 아파트에 살고 있을 것이다. 출근이나 퇴근길에 가끔 앞집에 사는 부부나 자녀와 마주치고, 엘리베이터에도 같이 탑승하지만 가벼운 인사를 주고받는 것 외에 별다른 대화가 없는 독자들이 많을 것이다. 사실 앞집 사람들에 대해 알고 있는 것이 그다지 없음을 알고 놀랄 수도 있다. 알고 있는 것이 없으니 인사할 거리가 존재하지 않는다. 무작정 물어보자니 실례일 것 같다는 생각도 들어 보통 말을 아끼게 된다.

또한, 도시민은 늘 바쁘다. 자연의 흐름에 따라 씨를 뿌리고 수확을 한 후에는 1년의 삼 분의 일 정도를 농한기로 지내는 농부와는 전혀 다른 삶을 살고 있다. 아침 7시 정도가 되면 어김없이 졸린 눈을 비비고 출근 준비를 해야 하며 일하기 가장 편안한 옷이 옷장에 걸려 있음에도 직장의 기준에 맞는 복장을 착용한다. 아침을 거르는 날이 비일비재하고 점심 역시 직장에서 정해준 시간 안에 해결해야 한다. 식사를 즐긴다는 표현은 사치이고 빨리 때우느라 정신이 없다. 퇴근 시간이 한참 지난 후에야 집에 돌아와도 쉴 새 없이 문자 메시지가 울려댄다. 지인이 안부를 묻는 거라면 그나마 괜찮은데 상사의 업무지시인 경우가 허다하다. 다음 날 출근하기 전까지 주어진 일을 마치느라 저녁 또한 간단히 먹고 만다. 늘상 바쁘기만 하고 운동은 부족한 딜레마에 빠지기도 한다.

바로 이러한 양태의 삶이 도시 안에 살아가는 우리 대부분의 삶이다. 비록 각자 처한 상황이 다르고 성격이 달라 받아들이는 모양새는 다를 수 있어도 우리가 살아가는 모습은 비슷할 것이다.

참고문헌

Davis, Kingsley (1969). World Urbanization, 1950-1970. Berkely: University of California Press.

Sjöberg, G. (1955). The Preindustrial City. The American Journal of Sociology 60(5): 438-445.

Vanhove, N. and L. H. Klassen (1980). Regional Policy: An European Approach. New York: Saxon House.

Weber. M. (1969). The Nature of the City in Classic Essays on the Culture of Cities by Sennett, Richard. New Jersey: Prentice-Hall, Inc., Englewood Cliffs.

Wirth, L. (1938). Urbanism as a Way of Life. The American Journal of Sociology 44(1): 1-24.

02

도시가 성장하는 이유

– 도시 성장의 메커니즘과 신도시 개발

도시가 성장하는 이유

도시 성장의 메커니즘과 신도시 개발

: 도시가 성장한다는 의미

'도시의 성장'은 단순한 개념이 아니다. 성장(growth)을 문자적으로 해석하여 단순히 부의 총량이 증가하는 것으로 이해한다면 도시의 성장은 인구의 증가와 밀접한 연관이 있다고 할 수 있다. 실제로 도시의 성장 과정에서 '인구의 증가'는 매우 큰 역할을 한다. 하지만 인구라는 요인이 모든 것을 설명하지는 않는다.

인구의 증가는 도시에 자본을 불러온다. 잠시 후에 설명할 고전적 성장이론에 근거하여 도시의 성장 현상을 설명하면, 인구의 증가는 매우 의미 있는 요인 중 하나이다. 인구의 증가는 곧 도시 안의 노동력 증가로 이어진다. 이는 기업의 생산성을 향상시키는 결과를 가져오고, 기업이 더욱 많은 제품을 생산하면 제품에 대한 수요 역시 증가한다. 이렇게 경제가 성장하는 것이다. 이는 도시의 성장을 설명하는 중요한 메커니즘이다. 하지만 여기서 한 걸음 더 들어갈 필요가 있다.

일정한 도시의 면적에 인구가 꾸준히 증가하게 되면, 도시가 수용할 수 있는 용량을 초과할 수 있다. 규모의 경제(economies of scale)를 도시에 적용해 볼 수 있다. 인구

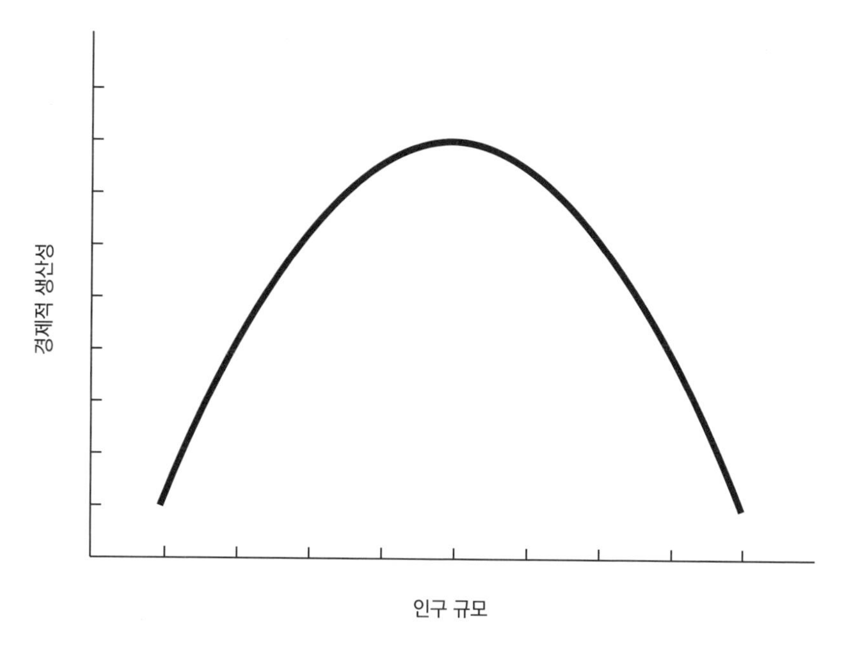

〈인구 규모와 경제적 생산성의 관계〉

규모를 x축, 경제적 생산성을 y축으로 하는 그래프를 위와 같이 그려보자. 인구 규모와 도시의 경제적 생산성은 아마도 역U자 형태가 될 것이다.

인구의 규모가 커질수록 도시의 경제적 생산성은 특정한 지점까지 성장한다. 하지만 그 지점을 지나치면 경제적 생산성은 오히려 하강 곡선을 그린다. 왜 이런 현상이 발생할까? 바로 인구의 증가는 도시의 생활환경을 악화시켜 도시민의 삶의 질을 떨어뜨리기 때문이다.

먼저 인구의 증가는 오염을 발생시킨다. 경제 활동을 위한 산업 단지의 집적은 도시의 토양과 공기를 오염시키고 사람의 건강 수준까지 떨어뜨린다. 또한, 인구가 증가하면 필연적으로 빈부 격차가 발생하고 사회적, 경제적 계층 간의 갈등이 커지게 되어 범죄의 발생 빈도가 높아진다. 이 역시 도시의 생산성을 떨어뜨리는 요인이 된다.

따라서 도시의 성장은 단순히 인구의 증가나 자본의 확충으로 설명할 수 없으며 도시민의 생활환경과 삶의 질의 총체적 개선으로 설명해야 할 것이다. 이 부분은 이 책에서 차차 다룰 것이다. 다만 본 장에서는 전통적인 경제성장이론을 바탕으로 도시의 성장 메커니즘을 설명할 것이다.

경제를 전공한 연구자가 보기엔 한없이 부족한 설명이지만, 경제성장이론을 근거하여 도시의 성장 원리를 간략하게나마 짚어보는 것은 도시를 경제적 접근 방법으로 이해하는 데 적지 않은 도움을 줄 것이다.

도시 성장의 메커니즘

외생적 성장이론

외생적 성장이론(exogenous growth theory)에서는 도시의 성장이 도시 외부로부터 내부로 유입되는 요인에 크게 영향을 받는다고 주장한다. 고전적인 성장이론(classical growth theory)과 케인지안 성장이론(Keynesian growth theory)이 외생적 성장이론의 대표 주자라고 할 수 있다.

고전적 성장이론은 경제 성장이 자본의 축적, 인구의 증가와 생산성 향상을 수반하는 요인에 의해 결정된다고 설명한다. 이와 같은 요인들은 주로 공급 측면 요인이라 할 수 있다. 다시 말해, 시장에 제품을 공급하는 기업이 인구의 증가나 자본의 축적 등으로부터 생산성을 향상시키면 경제가 성장한다는 주장을 펴고 있는 것이다. 고전적 경제성장 이론의 출발이라 할 수 있는 애덤 스미스(1723~1790) 역시 경제 주체의 공급 능력이 총수요의 향상을 발생시킨다고 설명했다.[1] 물론 최근의 논의들은 고전적 성장이론이 수요의 역할을 간과한 것은 아니라는 주장에 힘을 싣고 있지만, 고전적 성장이론이 공급을 중심으로 경제 체제를 설명한다는 점에는 대체로 동의하고 있는 것으로 보인다.

공급 중심의 고전적 성장이론은 완전경쟁 체제를 지향하며 자본과 노동력의 자유로운 이동을 전제로 한다. 따라서 도시가 성장하는 원리를 고전적 성장이론으로 설명한다면 자본과 노동의 외부유입과 자유로운 경쟁의 보장이 도시 성장의 요인이 된다. 노동력의 유입(종사자수)과 규제 완화가 바로 두 성장이론을 아우르는 핵심 요인이 될 수밖에 없다.

케인지안 이론은 공급 중심의 고전적 성장이론을 정면으로 비판하면서 등장한다. 다시 말해 수요를 공급에 맞춰 변화하는 종속 변수로 이해한 경제 체제에 반기를 들었다. 이 이론의 등장 배경을 먼저 이해할 필요가 있다. 1900년대로 오면서 세계 경제는 추락에 추락을 거듭하여 이윽고 대공황을 맞이하게 된다. 거리는 실업자로 가득 차게

1 김광수(2008)의 설명을 참조하였음.

되었고 일순간에 주식이 사라져 시장은 마비되었다.

대공황을 극복하기 위해 혜성처럼 등장한 인물이 바로 존 메이너드 케인스(John Maynard Keynes)이다. 고전적 성장이론에 반기를 들었던 기존 학설들을 종합하여 케인스식 정책 처방을 쏟아내기 시작한다. 이를 요약하면 정부의 재정 지출로 경제 위기를 극복해야 한다는 것이다. 정부의 재정 지출은 수요를 자극하여 새로운 공급을 창출할 수 있고 이는 궁극적으로 기업에 회생의 기회를 준다는 주장이다. 케인스와 그를 따르는 학파는 만약 기업의 여건이 허락하지 못한다면 정부의 직접 고용을 통해 완전 고용을 달성해야만 추락한 경제가 회생할 수 있다고 주장하였다.

케인스의 이런 처방은 대공황을 극복하는 데 크게 기여한 것으로 평가받는다. 하지만 한계 역시 명확하다. 불황 타개를 위한 케인스식 처방은 극심한 인플레이션의 발생으로 인해 국민의 삶이 피폐해질 수 있고 성장이 없음에도 불구하고 물가는 치솟는 스태그플레이션까지 발생하여 성장 동력을 완전히 상실하게 할 수도 있다.

케인지안 성장이론을 근거로 도시의 성장 메커니즘을 요약하면, 적절한 정부 지출과 정책 개입을 통해 도시의 성장을 유도할 수 있다는 것이다. 도시정부는 자유로운 완

프리드리히 하이에크

하이에크는 애덤 스미스의 주장을 추종했던 학자이다. 케인스의 처방이 단순한 경기 부양에는 효과적일 수 있어도 장기적으로 시장경제의 효율성을 심각하게 훼손하여 성장의 동력을 잠식한다고 주장하였다. 정부의 개입이 최소화 되어야 한다는 '작은 정부'의 주창자이다. 평생을 케인스 비판에 헌신했다.

존 메이너드 케인스

케인스의 처방은 현재까지 각국에서 매우 광범위하게 받아들여지고 있다. 케인스는 정부의 역할을 강조하고 정부 스스로 지출을 통해 수요를 창출해야 하며 직접 고용을 늘려 경기를 회복해야 한다고 주장한다. 케인스는 '큰 정부'를 주장하는 학자들의 대부 같은 역할을 담당하고 있다.

전 경쟁을 지양하고 정부의 적절한 지출과 개입을 통해 수요를 직접 창출해야 하며 정부 부문에서 고용을 늘려 수요의 크기를 확장할 필요도 있다. 따라서 이 이론에서 설명하는 도시 성장의 핵심 요인은 정부의 지출과 적극적인 시장개입이다.

내생적 성장이론

외생적 성장이론이 도시 외부의 자원에 집중한다면 그와는 반대로 내생적 성장이론(endogenous growth theory)은 도시 내부의 잠재력에 주목한다.[2] 외생적 성장이론이 2차 세계대전 이후 일부 국가와 도시의 놀라운 성장을 설명하지 못하는 것에 착안하여 내생적 성장이론가들은 경제체제 내부의 잠재력과 역동성 등이 경제를 단기간에 2배, 3배 혹은 그 이상으로 성장시킨다고 주장했다.

그렇다면 내생적 성장이론가들이 주장하는 잠재력과 역동을 만들어 내는 요인은 무엇일까? 그것은 바로 '기술'이다. 그리고 사람에게 기술을 가르치는 '교육'이다. 내생적 성장이론가들은 단순한 기술을 언급하는 것이 아니라 높은 생산성을 나타낼 수 있는 고도화된 기술을 말하고 있다.

경제 체제 내부를 구성하는 사람들의 높은 기술력은 더욱 많은 산출물을 생성하여 국가와 도시의 경제를 부흥하게 만든다는 것이 내생적 성장이론의 기본 생각이다. 따라서 외생적 성장이론에서 사람은 '노동'으로 표현되었으나 내생적 성장이론에서 사람은 '인적 자본' 혹은 '인적 자원'으로 표현된다. 다시 말해 외생적 성장이론에서는 노동의 투입이 많을수록, 다시 말해 경제 체제 안에서 일하는 사람의 수가 많을수록 도시의 경제가 부흥하는 것이 당연하다고 주장하지만, 내생적 성장이론에서는 단순한 노동력의 투입보다 높은 수준의 기술력을 지닌 인적 자원의 증가가 도시 경제를 이끌 수 있다고 주장한다.

리처드 플로리다(Richard Florida)는 특히 창조적 계급이 많이 모여 사는 창조적인 도시에 관심이 있다. 플로리다는 창조적인 계급과 도시의 재생에 관한 관계에 주목하였는데 창조적인 계급인 하이 테크놀로지 기술자와 예술인, 음악가, 동성애자 등이 집중적으로 모여 사는 지역은 다른 지역에 비해 도시경제의 수준이 월등히 높음을 밝히고자 하였다. 플로리다는 이러한 특징을 보이는 계층을 창조적인 계급이라 명명하였고 이들의 성향은 개인주의적이고 역동적이며 자유로움을 추구한다고 주장하였다.[3]

2 내생적 성장이론에 대한 설명은 토다로와 스미스(Todaro and Smith, 2014)가 저술하고 김중렬 등이 옮긴 '경제발전론'을 참조하였음.
3 플로리다의 Cities and the Creative Class(2005) 참조.

녹색 성장이론

녹색 성장이론[4] 역시 내생적 성장 이론 중 하나로 볼 수 있다. 하지만 최근 그 중요성이 증가하고 있어 따로 항목을 분류하여 설명한다. 통상적으로 도시의 성장은 다음 수식이 표현하는 바와 같다.

도시의 성장은 외생적 성장 변수(Ex)와 내생적 성장 변수(En)의 함수이다. 다시 말해 도시의 성장은 노동력의 유입, 중앙과 지방정부의 지출 등의 외생적 성장 변수와 도시 내부 인적 자원의 기술력이나 교육 정도 등과 같은 내생적 싱장 변수에 의하여 영향을 받는다.

$$\text{Urban Growth} = f(Ex, En)$$

그런데 녹색 성장이론에서는 여기에 이산화탄소 배출량(G)과 이산화탄소 저감기술(T)이라는 변수를 추가한다. 즉, 다음과 같이 표현할 수 있을 것이다.

$$\text{Green Urban Growth} = f(Ex, En, G \times T)$$

이산화탄소 배출량은 적으면 적을수록 도시의 성장에 긍정적인 영향을 미치며 저감기술 역시 발전할수록 도시의 성장에 긍정적으로 영향을 미친다는 것이 녹색 성장이론의 요지이다.

환경과 도시경제는 서로 공존하지 못하는 것으로 받아들여진다. 도시의 성장을 위해서는 일정 부분 환경을 파괴해야 하고 환경에 대한 지나친 보호는 도시의 성장을 저해하는 것으로 간주한다. 하지만 어느 정도 도시화가 달성된 지역에서는 환경의 보호가 도시민의 삶의 질과 직접 연관되므로 더욱 쾌적한 환경을 찾아 이주하고자 하는 미래의 도시민에게 이주의 큰 동기부여가 된다. 환경이 좋은 곳에 사람이 모이기 시작하면 땅값이 상승하고 도시정부는 더 많은 세수를 올림으로써 도시에 대한 투자가 늘어난다. 이는 환경이 도시경제 활성화에 긍정적으로 작용할 것이라는 녹색 성장이론의 간단하지만 강력한 메커니즘이다.

4 녹색 경제 이론(Green Economy Theory)이라고도 불림.

신도시 개발: 도시를 가장 빨리 성장시키는 방법

신도시를 개발하는 이유

신도시를 개발하는 이유는 각 나라와 사회가 처한 상황마다 모두 다를 것이다. 왜 정부마다 신도시 개발에 열을 올리며 지역 주민 역시 자신이 사는 부지의 개발을 원하는 것일까?

가장 선한 의도로는 인구의 분산에 따른 대도시 시민의 삶의 질을 높이고 주거 환경이 좋은 신도시를 낙후된 지역에 공급함으로써 지역 간 형평성을 높인다는 것이다. 아마 중앙정부 입장에서 내세우는 가장 강력한 논거가 이 의도일 것이다. 이것도 매우 중요한 이유 중 하나가 된다.

그런데 과연 도시정부 입장은 어떨까? 신도시 개발을 도시정부 입장에서 가장 반기는 이유는 바로 세수 때문일 것이다. 지방세 중 가장 큰 몫을 차지하는 것이 바로 재산세이다. 신도시 개발로 인해 지역 내 땅값이 올라가면 신도시를 품고 있는 도시정부의 지갑이 든든해질 수밖에 없다. 만약 새로운 도시가 중앙정부의 재정으로 개발된다면 도시정부 입장에서는 환영하지 않을 이유가 없다.

또한, 도시정부 내 일부분을 신도시로 개발한다면 지역경제를 활성화될 수도 있다. 비록 지역에 먼저 정착한 원주민은 도시를 떠나겠지만 높아진 집값과 임대료를 감당할 수 있는 새 도시민이 떠난 원주민의 자리를 채울 것이다. 이들은 원주민보다 도시 내에서 돈을 쓸 능력이 훨씬 더 우월하므로 이들의 소비는 지역경제의 윤활유로 작용할 수 있다. (물론 이런 상황은 절대로 옳지 않다. 이 책은 이런 가치관을 비판하는 비판 의식 위에 집필되었다.)

신도시 개발의 전략

신도시를 개발하는 전략적 방법은 크게 세 가지로 구분된다.[5] 첫째는 맨해튼 전략(Manhattan Development Strategy)이다. 맨해튼 전략은 미국 뉴욕시의 자치구인 맨해튼을 개발했던 방법에서 그 이름이 차용되었다.

맨해튼 전략은 거대한 부지의 일부 혹은 대부분을 집중적으로 개발하려는 전략으로서 매우 짧은 시간 안에 도시를 성장시키기 위해 활용되는 대표적 개발 전략이라 할

5 신도시 개발에 관한 이론적 방법은 박종화 외(2013: 330~331)를 참조하였다.

뉴욕의 맨해튼

맨해튼은 특정한 구역 내에 집중적으로 이루어진 개발의 역사를 지닌 대표적인 도시이다.

사진출처: www.pinterest.com

수 있다. 모든 기반시설과 도시민의 생활에 필요한 시설을 특별한 구획 정리 없이 한 도시 내에 집중적으로 설치한다. 도시가 성장하는 과정에 있더라도 도시의 확장이 쉽지 않고 도시가 쇠퇴하면 인근에 새로운 도시를 건설하는 과정을 겪는다.

두 번째는 추축 전략(axes development strategy)이다. 맨해튼 전략이 스스로 범위를 봉쇄하는 전략인 데 반하여 추축 전략은 개발된 도시의 확장을 꾀하는 전략이다. 먼저 개발자는 도시에 추축을 세운다. 추축은 일반적으로 인공 구조물(예: 철도, 지하철, 운하, 고속도로)이나 강과 같은 자연이 된다. 축을 기준으로 도시가 개발되면 배후에 새로운 기능이 더해지거나 새로운 산업이 입지하는 등 도시가 축을 기준으로 확장하게 된다.

세 번째 전략은 봉쇄 전략(containment development strategy)이다. 봉쇄 전략은 도시를 개발하기 전에 개발 대상이 되는 부지를 주거지, 상거래를 위한 부지, 생산 지대, 종교 부지, 교육용 부지, 보존을 위한 부지 등으로 구분하고 각 부지에 맞는 개발 계획을 수립하는 것이다. 봉쇄 전략은 매우 균형적인 전략이라고 할 수 있는데 우리나라의 최

런던시의 전경

런던은 서구 사회의 대도시 중 거의 유일하게 봉쇄 전략에 의해 개발이 된 도시라 할 수 있다.

사진출처: Time Out

근 신도시 개발이 주로 봉쇄 전략을 활용하고 있다. 도시 개발에 있어 성장보다 규제를 추구하는 방법으로 선진국의 도시 중 런던이 비교적 봉쇄 전략에 충실한 대도시라 할 수 있다.

우리나라 신도시 개발의 역사

우리나라의 신도시는 크게 세 단계를 거쳐 개발되어왔다.[6] 1960년대와 70년대 개발된 신도시는 대부분 우리나라의 주요 산업의 부흥이 목적이었다. 주로 중화학 공업이나 자동차 산업 등의 전진 기지로 산업 단지 조성을 위해 그 배후에 주거지를 개발한 특징이 있다. 울산 신도시, 지금의 안산인 반월 신도시, 창원과 구미 신도시, 지금의 여수인 여천 신도시 등이 이때 개발되었다.

서울의 인구 급증으로 주택 공급이 사회 문제로 떠오른 1980년대부터 1990년대까지 수도권 1기 신도시와 2기 신도시가 개발되었다. 수도권 1기 신도시는 분당, 일산, 평촌, 산본, 중동 등의 신도시를 말하는데 서울의 북서쪽부터 동남쪽에 이르기까지 서울 인근에 중형 도시를 건설함으로써 서울 인구를 분산하였다. 수도권 1기 신도시의 수용 인구는 약 120만명이었다.

6 2011년 국토해양부의 발주로 국토연구원이 수행한 '2011 경제발전경험모듈화사업: 한국형 신도시 개발', 제2장을 참조하여 작성.

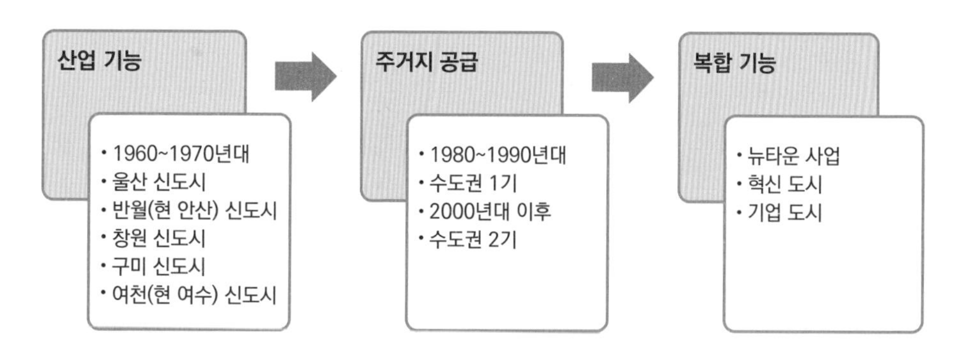

〈우리나라의 신도시, 한눈에 보기〉

수도권 1기 신도시의 개발은 서울 인구의 분산에 상당한 성과를 거두었다. 하지만 여전히 농촌 인구의 서울 유입이 줄지 않았을 뿐만 아니라 기존 수도권 1기 도시 역시 인구의 급격한 증가로 도시민의 삶의 질이 떨어진다는 비판이 잇따랐다. 이는 수도권 2기 도시 건설의 원인이 되었는데 2000년대 이후 수도권 2기 신도시로 판교 신도시, 동탄 신도시, 김포 신도시, 파주 신도시 등이 개발되었다. 신도시 2기의 수용 인구는 약 60만명이었다. 수도권 2기 신도시는 도시의 환경과 문화, 교육 등을 강조함으로써 삶의 질 중심의 개발을 실현하고자 노력한 도시 개발이라는 점이 수도권 1기 신도시와는 다른 특징이다.

이후 광풍을 몰고 왔던 뉴타운 사업이나 공공기관의 이전 도시를 대상으로 도시의 전반적 생활환경을 높이기 위한 혁신 도시 그리고 기업의 자유로운 경제 활동의 보장과 기업의 투자를 유도하기 위한 기업 도시 등이 신도시 개발의 일환으로 등장한 바 있다.

: 이 장을 맺으며

앞서 설명한 것처럼, 도시가 성장한다는 의미는 생각만큼 단순하지 않다. 그럼에도 불구하고 경제성장이론에 근거하여 도시의 발전 단계를 이해하는 것은 중요하다. 기초 없이 화려한 정책만 취한다면 실패할 가능성이 그만큼 커지기 때문이다.

도시의 성장은 기업 활동의 활성화를 통한 공급의 역할과 케인지안 성장 이론이 설명하는 것처럼 수요를 활성화하는 정부의 역할을 밑거름으로 한다. 하지만 여기에서 멈

추지 않고, 기술의 진보를 위한 인적 자원의 관리, 즉 교육과 환경의 질 보존을 통한 삶의 질 개선 등이 복합적으로 작용한다. 그렇다면 도시의 성장에 관한 개념적 정의를 개발을 통한 인구의 증가에서 이미 지역에 거주하고 있는 도시민의 삶을 질을 향상시키는 쪽으로 조금이라도 방향을 움직이면 어떨까.

최소한의 개발이 필요하지만, 그것으로만 도시의 성장이 설명되는 시대는 지났다. 기본적 인프라 위에 사람을 생각하는, 사람 중심의 경제 체제를 구축하는 움직임이 진정한 성장을 가져올 수 있을지도 모른다.

참고문헌

국토연구원(2011). 2011 경제발전경험모듈화사업: 한국형 신도시 개발. 국토해양부.

김광수(2008). 애덤 스미스: 사회적 평판의 경제심리, 수요 및 경제성장. 국제경제연구 14(3): 195-222.

박종화 · 윤대식 · 이종열(2013). 도시행정론 제4판. 서울: 대영문화사.

Florida, R. (2005). Cities and the Creative Class. Routledge.

Todaro, M. P. and Smith, S. C. (2014). 경제발전론 제11판(김중렬 · 송치웅, 신범철, 윤미경 옮김). 시그마프레스.

03

도시의 쇠퇴

— 쇠퇴하는 도시의
일곱 가지 증상

도시의 쇠퇴

쇠퇴하는 도시의 일곱 가지 증상

피할 수 없는 도시의 쇠퇴

도시의 쇠퇴는 필연적이다. 사람이나 동물은 자신의 생명이 다해도 후손을 통해 종족을 유지한다. 환경 파괴로부터 오는 재앙과 같은 외적 환경 요인이 변하지 않는다면 자손을 잉태하는 동물과 식물은 쇠퇴하지 않는다.

하지만 도시는 다르다. 도시에 사는 사람들은 여전히 존재하여도 도시의 쇠퇴는 막을 길이 없다. 이제 막 건설이 끝난 신도시를 둘러 본 적이 있다. 비현실적으로 도시가 멋지게 건설되어 있었다. 하지만 이런 도시도 쇠퇴할 수밖에 없다. 단지 건물과 도로가 낡기 때문만은 아니다. 다음의 그림은 도시의 성장주기를 그래프로 표현한 것이다.

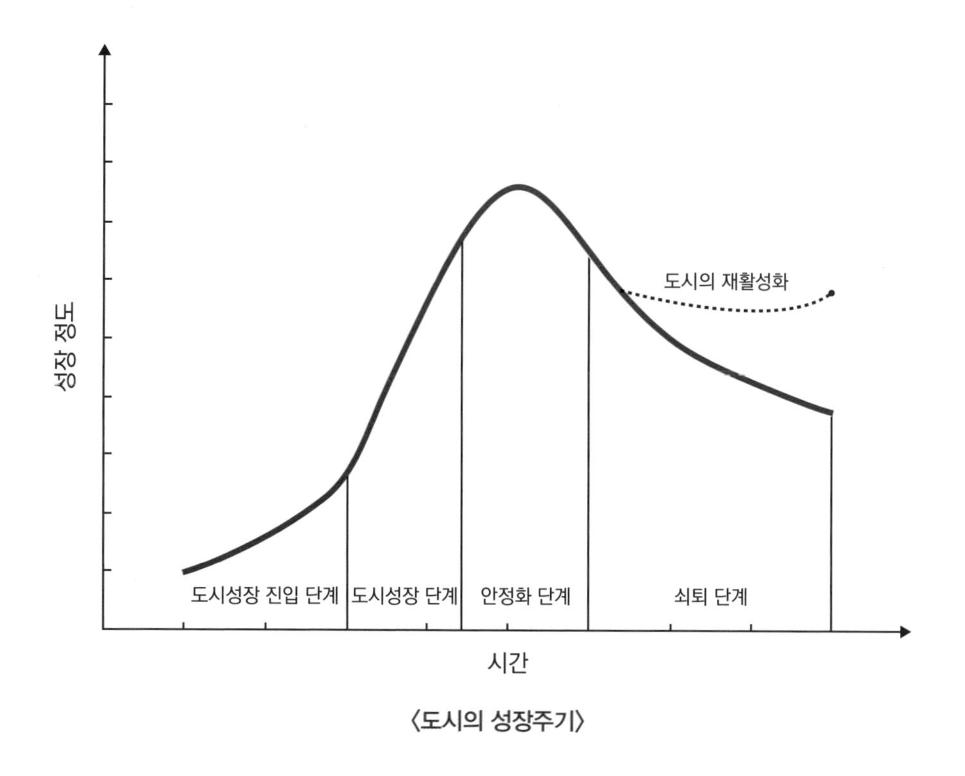

〈도시의 성장주기〉

도시의 성장은 진입 단계 – 성장 단계 – 안정화 단계 – 쇠퇴 단계로 구분할 수 있다. 도시의 성장은 2장에서 설명한 대로 인구의 증가로 인한 자본의 축적, 정부의 정책적 개입, 기술의 진보, 환경의 보존 등 다양한 요인이 원인이 될 수 있다. 도시가 가파르게 성장하면 인구의 증가가 매우 뚜렷하게 나타나며, 상권이 발달하고 교육에 대한 욕구가 상승한다. 이후 도시의 성장은 둔화되지만 유지되는 단계를 거친다. 이를 '안정화 단계'라 할 수 있을 것이다. 도시는 성숙했다. 하지만 어떤 이유에서인가 성장은 정체된다.

인구의 집중으로 인한 각종 사회 문제가 도시의 성장을 가로막는다. 이에 관해서는 이미 2장에서 설명하였다. 환경문제, 빈부 격차 문제 등이 발생하고 이를 억제하기 위해 성장을 위해 투입되어야 할 도시의 자원이 투입되면서 도시는 더는 성장할 수 없게 된다. 시기적으로 '안정화 단계'의 후반부터 도시의 인프라가 낡기 시작한다. 재건축 수요가 발생하고 도시의 상권은 이젠 매력적이지 못하다. 다음의 그림을 확인하자.

일단 젊은 인구의 도시 탈출이 시작되면 기업은 구인난에 빠진다. 청년층을 고용해야 운영할 수 있는 기업은 도산하거나 도시를 빠져나가고 경기는 쇠퇴한다. 도시 안에서 여전히 힘겹게 버티고 있는 기업체가 있더라도 투자는 크게 위축될 수밖에 없고 이는 상권의 침체로 이어진다. 다시 그나마 남아있던 젊은 인구의 탈출 러시가 이어진다.

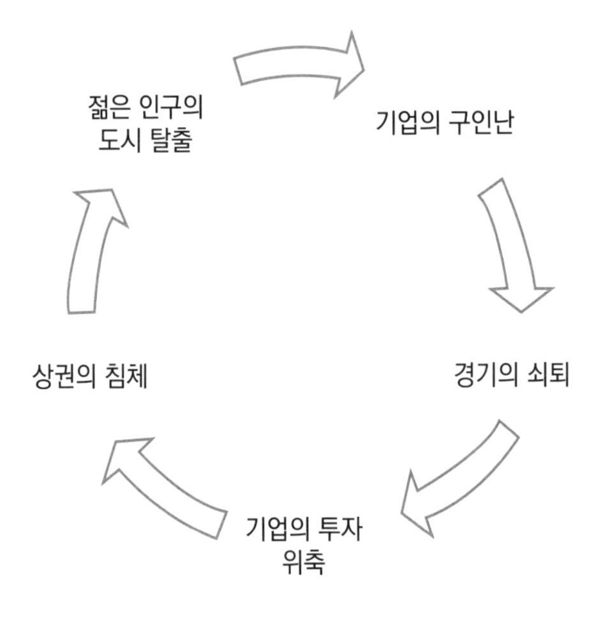

〈도시의 쇠퇴 사이클〉

출처: http://www.bbc.co.uk

도시의 침체는 가속화된다.

도시가 쇠퇴하는 단계에 진입하게 되면, 도시의 재생을 위한 다양한 노력이 필요하다. 한번 쇠퇴 사이클에 진입하면, 쇠퇴를 막을 만한 뾰족한 수가 없기 때문이다. 쇠퇴 진입 초기에 도시의 재생 계획을 수립하여 이를 적극적으로 집행해야만 도시의 쇠퇴를 늦추거나 다시 활력을 불어넣을 수 있다.

이 책의 전반에 흐르는 주제가 바로 이것이라 할 수 있다. 쇠퇴하기 시작한 도시에 다시 활력을 불어 넣을 수 있는 방법은 무엇일까. 이 방법을 찾아 나서기 위한 여정을 시작하기 전에 우리는 쇠퇴하는 도시에 나타나는 여러 가지 사인(sign)을 정확히 이해할 필요가 있다. 이 장에서는 쇠퇴하는 도시의 일곱 가지 주요 증상에 관해 알아보도록 한다.

쇠퇴하는 도시의 7가지 증상

비어가는 도시

도시가 쇠퇴하면 사람들은 도시를 떠난다. 청년들은 취직을 위해 일자리가 창출되는 도시로 떠나고 젊은 부부들은 보육 환경이 좋은 도시로 떠난다. 이제 40대에 막 접어든 부부는 아이들에게 더욱 좋은 교육 환경을 제공하는 도시로 떠나고 중년의 부부는 상권이 발달한 도시로 떠나며 노년의 부부는 노인 친화적인 도시로 떠난다.

도시가 쇠퇴하면 도시민이 원하는 만큼 서비스를 공급해주지 못하므로 이유는 서로 다를지라도 도시를 떠나게 된다. 사람이 떠난 도시에는 건물만 을씨년스럽게 그 자리에 남는다. 쇠퇴하는 도시의 첫 번째 증상은 도시가 빈다는 것이다. 결과적으로 도시에는 비어 버린 건물만 남는다.

도시민이 거주하는 아파트가 비는 일은 흔하지 않다. 대부분 임대 아파트인 미국[1]과는 달리 우리나라의 아파트는 대부분 소유자가 있으므로 새로운 주인에게 팔고 도시를 떠난다. 그런데 쇠퇴하는 도시에는 새로 건설되는 아파트가 주인을 찾지 못해 긴 시간 동안 비어있는 상태인 경우가 종종 있다. 이런 도시는 '안정화 단계'를 지나 '쇠퇴단계'의 초입에 있다고 할 수 있다.

"임대합니다."라는 문구가 적혀있는 상가 건물이 많다면 그 도시는 쇠퇴하는 도시이다. 상권이 활성화된 도시라면 상가 건물주가 광고를 내기 전에 이미 그 건물에서 장사하고픈 사람들이 줄을 서게 된다. 쉽게 '세'를 내줄 수 있다. 하지만 쇠퇴하는 도시에는 비록 입지가 나쁘지 않은 위치라도 장사를 할 사람을 찾기가 만만치 않다.

사람들이 도시를 떠나면 도시에서 매우 중요한 역할을 하던 건물조차 그 수명을 다하는 경우가 많다. 예를 들어 폐교가 발생하는 것이다. 지금과 같은 출산율이 유지되고 구도심에서 신도시로 떠나는 인구가 꾸준히 증가한다면 설립된 지 50년이 지난 구도심의 학교가 문을 닫는 일이 발생할 수 있다.

미국에서는 폐교뿐만 아니라 종교 건물의 재활용도 커다란 사회문제가 되고 있다. 도심지의 인구가 교외로 이주를 시작한 지 오래되었고 미국인의 종교에 대한 애착도 많이 떨어진 것이 원인이라 할 수 있다. 2005년을 전후로 미국 오하이오 주의 클리블랜

1 미국의 아파트(apartment)는 임대업자가 운영하는 다세대 주택을 의미한다. 따라서 아파트에 거주한다는 의미는 매달 임대료(rent)를 지불하고 계약 기간 동안 거주한다는 의미이다. 우리가 흔히 말하는 아파트는 미국에서 콘도미니엄(condominium)이라 부른다.

흉물로 방치된 안성시의 베가시티

안성 구도심의 활성화를 위해 안성시가 주체가 되어 추진하였던 베가시티의 현재 모습이다. 새로운 종합버스터미널의 건설과 함께 복합 문화 공간의 조성을 계획하였으나 수요 예측의 실패, 시민 요구와 동떨어진 사업 진행 등으로 사업이 2010년 중단된 후 지금까지 도시의 흉물로 방치되고 있다.

드에서는 무려 27개의 가톨릭 교구 소속의 성당이 문을 닫았다. 이뿐만 아니라 개신교단의 교회들도 상당수 유지하기 어려운 상태에서 새로운 주인을 찾고 있다. 교회의 건물주 입장에서는 교회를 그대로 인수받을 종교인을 찾고 싶지만, 이는 상당히 여의치 않다. 따라서 미국 사회에서는 서점이나 레스토랑, 문화 센터, 아파트 등으로 재활용되고 있는 교회 건물을 자주 접할 수 있다.[2]

도시가 쇠퇴하기 시작하면 이미 진행되던 건축 사업은 건설 도중 중단되는 경우도 많다. 도시정부에 의해 진행되던 사업에도 예외가 없다. 건설 도중 완공이 지연되거나 완전히 중단되면 도시의 미관을 훼손하는 흉물로 방치된다.

도시의 건물이 방치되면 정책 결정자의 결단이 필요하다. 철거하는 결정을 빨리 내려야 한다. 다만 도시의 역사성, 재활용 가치 등을 종합적으로 판단하여 재활용 계획을 수립할 수 있을 것이다. 때로는 도시의 재생을 위한 중요한 자산이 될 수도 있다. 이 문제는 4장에서 다룬다.

도시의 오염

쇠퇴하는 도시의 오염은 사람의 건강을 위협할 정도로 심각하다. 도시가 쇠퇴하면 오염을 관리하던 주체들이 도시를 떠난다. 산업단지가 문을 닫으면 산업단지의 오염 물

2 미국 교회 건물의 재활용에 관한 이 장의 설명은 사이먼스, 드와인과 레더버(Simons, DeWine and Ledebur, 2017)의 저서를 참조하였음

질은 관리가 되지 않은 채로 방치된다. 하다못해 극심한 경기 침체로 주유소가 문을 닫으면 이 역시 오염 물질이 방치된 상태로 도시민의 건강을 위협하게 되는 것이다.

대기오염, 수질오염, 토양오염 모두 심각하지만 도시에 가장 큰 타격을 입히는 것을 토양오염이다. 대기오염이나 수질오염은 도시에 국한되는 문제가 아니므로 국가적 책임 사항이라 할 수 있지만, 토양오염은 도시민이 바로 발을 디디고 살아가는 터전이 오염되었음을 의미하며 그 토지를 소유한 도시정부에게 막대한 피해가 전가된다.

도시의 오염은 도시민의 건강을 위협할 뿐만 아니라 도시의 경제 기반을 허물어버린다. 토양이 오염되면 인근 집값은 떨어지고 이에 따라 도시정부의 세수는 줄어든다. 오염이 심할 경우 매매가 완전히 불가능해질 수도 있다. 이 경우 도시 안에 토지는 물리적으로 존재하지만, 세수의 측면에서 도시정부에게 아무런 의미가 없는 땅이 된다. 오히려 관리를 위한 비용이 필요하다.

땅이 오염되는 이유는 산업단지처럼 도시민의 경제활동에 의한 것뿐만 아니라 미군이나 한국군의 이전 군사 기지, 오래전에 이미 문을 닫은 폐광, 가축 매몰지, 쓰레기 매립지 등처럼 정부의 공식적 활동과 관련이 많은 경우도 있다. 이와 같은 땅은 도시민에게 전혀 이득이 안되고, 손실만 가져오는 부지이다. 이 경우에도 오염원의 제거와 함께 적절한 재활용 플랜이 필요하다. 이 문제는 5장에서 다룬다.

용산 기지

반환된 용산 미군기지의 오염 정화 비용은 추산조차 되지 않고 있다. 일부에서는 1조원 이상이 오염 정화에 필요할 것이라는 전망도 있는 실정이다.

사진출처: NEWS 1

회복 불가능한 도시 이미지

쇠퇴하는 도시는 사람들에게 나쁜 이미지로 각인된다. 도시 역시 사람처럼 고유한 이미지가 있다. 도시의 이미지는 학문 영역에서 자주 언급되는 주제는 아니다. 하지만 우리가 사람과 관계를 맺을 때도 그 사람이 풍기는 고유한 이미지에 집착하는 것처럼 알게 모르게 우리는 우리가 살아가고 있는 도시의 이미지를 평가한다.

당연히 도시의 이미지는 매우 중요하다. 사람들은 이미지가 괜찮은 도시로 이주하고 싶어 한다. 정확히 도시의 어떤 부분이 매력적인지 분석할 능력까지 굳이 필요 없을지 모른다. 이미지가 좋은 도시는 대부분 삶의 질이 높고 경제 활동도 활발한 성장하는 도시이다. 그렇다면 반대의 경우, 즉 쇠퇴하는 도시의 이미지는 어떤가? 음침하고, 어둡고, 때로는 무섭고, 아마 다시 방문하고 싶지 않은 느낌이 들 수 있다. 사람들은 이런 도시로 이주하고 싶어 하지 않는다.

도시의 이미지가 사람들의 이주를 유도할 수 있다면 도시 이미지는 도시 안의 집값에 긍정적으로 작용할 것이다. 이를 측정한 연구는 거의 없지만 상식적으로 생각해도 그렇다.

도시 이미지는 도시의 재방문 의도에 영향을 줄 수 있다. 도시를 한번 방문하면 다양한 기준으로 도시를 평가한다. 여가나 문화를 즐길 거리가 있는지부터 먹거리가 다양하고 충분한지도 평가 잣대 중 하나일 뿐만 아니라 도시의 건물, 도로 등의 미관이나 환

동탄 신도시

경기도 화성시는 이미지가 좋지 않은 대표적인 도시였다. 이 지역에서 발생하여 지역의 이름이 붙은 연쇄 살인 사건 때문이다. 이 이미지는 현재에 이르러 상당 부분 치유된 것으로 보인다. 신도시의 개발이 큰 영향을 미쳤다.

사진출처: 매일경제

경과의 조화를 기준으로 도시를 평가한다. 평가 결과는 우리 뇌 속에 이미지로 저장된다. 긍정의 이미지로 저장되었다면, 평가의 세부 내용은 기억에 없어도 우리는 그 도시는 다시 방문하는 데 주저함이 없을 것이다.

도시 이미지는 다양한 측면에서 도시의 활력에 크게 영향을 주고 있음에도 논의가 많지 않은 실정이다. 도시의 나쁜 이미지를 좋은 것으로 바꿀 방법은 무엇일까? 이 문제는 6장에서 다룬다.

삶의 질은 떨어지고

쇠퇴하는 도시의 도시민은 얼굴에 수심이 가득하다. 청년은 취업 걱정으로, 장년은 교육 걱정과 사업 등 수입 걱정으로, 노년은 경제적 여건과 외로움 등으로 수심이 그칠 날이 없다. 스트레스 지수가 높을 뿐 아니라 이런 지역의 주관적 건강 인지율은 무척이나 좋지 않다. 사람들 스스로 행복하지 않다고 여기는 것이다. 우리 삶의 질이 왜 이렇게 떨어졌을까?

도시에서 발생하는 각종 사회문제는 공동체 전체의 삶의 질을 매우 떨어뜨린다. 삶의 질은 주관적 만족감과 객관적 생활환경 여건 등 크게 두 가지 요소로 구성된다. 아무리 좋은 환경 속에 풍족한 소비를 하며 살아가는 사람들도 행복하지 않을 수 있다. 주관적 만족감이 떨어지기 때문이다. 반면에 객관적 생활환경이 열악해도 주관적 만족감이

호수와 아파트 단지

도시 한가운데 존재하는 호수는 도시민의 쉼터가 됨으로써 삶의 질 증진에 도움을 줄 수 있다. 호수 주변의 환경을 정리하고 도시민이 운동할 수 있도록 약간의 시설만 갖춘다면 호수는 경제적 효과와 사회, 문화적 효과를 창출할 수 있다.

큰 사람들도 있다. 하지만 공동체의 관점에서는 주관적 만족감과 함께 객관적 생활여건 자체도 우수해야 삶의 질을 높일 수 있다.

쇠퇴하는 도시는 생활여건이 매우 열악하므로 삶의 질은 주관적 만족감에 의지해야 하는데 우리나라의 경우 이미 주관적 만족감 자체가 그렇게 높지 못하다. 차라리 생활여건의 개선을 통해 주관적 만족감을 높여야 한다. 도시정부 입장에서 도시민의 생활여건 개선을 위한 일련의 노력을 '도시 어메니티'로 정의할 수 있다. 이미 존재하는 숲, 공원, 강, 호수, 문화재 등을 활용하여 도시민의 행복감을 증진하는 정책을 만들 수 있다. 이 문제는 7장에서 다룰 것이다.

젠트리피케이션의 비극

일반적으로 쇠퇴하는 도시의 임대료는 낮을 수밖에 없다. 임대를 원하는 도시민이 많아야 경쟁이 되고 이러한 경쟁이 임대료를 올리는데, 쇠퇴하는 도시는 임대를 위한 경쟁이 쉽게 형성되지는 않기 때문이다.

오래된 주거지가 헐리고 새로운 아파트로 채워지는 과정은 1980년대에서 1990년대에 이르기까지 우리나라 도시에서 흔히 볼 수 있었다. 갈등도 상당했다. 오랫동안 한 동네에서 생활하던 사람들은 도시를 떠나야만 했다.

그렇게 그 시절 개발된 도시도 이제 쇠퇴하는 단계에 접어들었다. 신도시가 개발되어 기존의 도시는 낙후가 진행되는 구도심으로 전락하고 만 것이다. 구도심에 거주하던

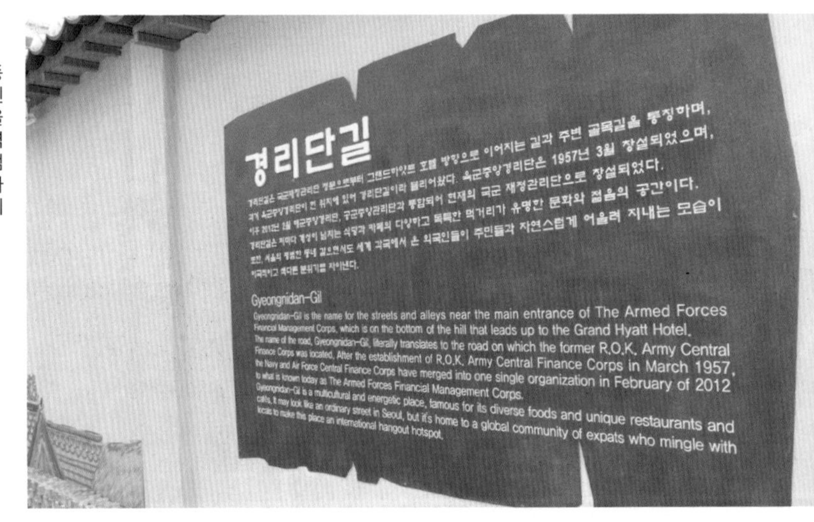

경리단길 소개글

서울시의 용산구 이태원동에 위치한 경리단길은 젠트리피케이션으로 몸살을 앓고 있는 대표적인 지역이다. 현재는 유명 편의점과 프렌차이즈 제과점, 아이스크림 가게 등이 적지 않게 위치하고 있다.

주민 중 그나마 경제적 여건이 괜찮은 사람들은 신도시로 이주한다. 생활여건이 훨씬 우수하기 때문이다. 이제 구도심의 낙후성은 점차 심각한 지경에 이르러 도무지 개선될 기미가 보이지 않는다.

그럼에도 불구하고 구도심에서 여전히 공동체를 힘겹게 이루며 살아가는 사람들이 있다. 이들은 도시의 재생을 위해 자발적으로 노력을 기울인다. 그 중 예술가들은 동료들과 함께 조그마한 공방을 열고 지역 주민의 문화적 수요를 충족시킨다. 또한, 소상공인들은 자신들의 사업체를 매우 특색 있게 가꾸어 도시의 새로운 이미지를 창출하는 단계에까지 이른다.

그런데 이쯤 되면 방송에 보도가 되고 점차 이 지역을 찾는 관광객들이 늘어난다. 심지어 중국인과 일본인 관광객까지 가세한다. 한국의 주요 관광지가 된 것이다. 유명해졌고 상권도 활성화되었으니 지역 주민에게 건물을 임대한 건물주들이 동시에 임대료를 올리기 시작한다. 이는 결과적으로 지역 주민의 이탈을 불러오고, 그 지역은 프렌차이즈 업체가 장악하기 시작한다. 이 과정이 바로 젠트리피케이션이다.

쇠퇴하는 도시를 살리는 과정에서 젠트리피케이션은 반드시 발생한다. 이를 극복하기 위한 방안의 모색이 필요하다. 젠트리피케이션에 관한 구체적 내용은 8장에서 다룬다.

지속가능성의 위기

쇠퇴하는 도시는 심각한 환경 문제에 직면한다. 에너지 이슈 역시 도시가 쇠퇴하는 과정에서 중요한 이슈로 주목받는다. 도시의 쇠퇴가 시작되면 지속가능성에 큰 위기가 닥치는데 그 이유는 두 가지로 꼽을 수 있다.

첫째, 구도심의 설계는 환경을 고려하지 않았다는 점이다. 구도심은 일반적으로 녹지를 충분히 확보하지 않은 채로 건설되었고 건물의 에너지 효율도 매우 떨어진다. 또한, 도시 자체가 충분히 자원을 재활용할 수 있도록 디자인되지 않았을 뿐만 아니라 건설 자재 역시 친환경 자재와는 거리가 멀다. 여기에 덧붙여 신도시는 대부분 주거지와 3차 산업 혹은 ICT 산업 등을 주력 산업으로 하는 산업단지로 이루어져 있으므로 에너지 사용 정도가 많지 않지만, 구도심은 공장지대와 인접한 경우가 많고 건물의 집적도도 매우 크므로 에너지 사용량이 훨씬 많다.

둘째, 5장에서도 다룰 문제이지만 신도시보다 오염의 정도가 광범위하며 고질적이라는 점이다. 신도시의 오염원은 주로 자동차 매연과 생활하수 정도인 데 반하여 구도심은 산업체로부터의 오염이 오랫동안 축적되었다. 비록 쇠퇴 과정에서 상당수의 산업체가 문을 닫았을 수도 있지만, 오염원은 별다른 조치 없이 방치되는 경우가 허다하다. 또한, 신도시의 경우에는 주거지와 산업단지의 분리가 확실하므로 산업단지의 오염 배출로 인한 생활환경의 악화는 잘 발생하지 않지만, 구도심은 주거지와 매우 인접한 지역에서 공장이 가동되는 경우가 대부분이다. 이로 인한 생활환경의 악화는 매우 심각한 문제 이다.

이런 지속가능성의 담보가 없다면 도시의 미래는 불투명하기 때문에 이는 매우 중요한 이슈가 아닐 수 없다. 도시의 지속가능성 문제, 이를 해결하기 위한 친환경 건물 확산 운동 등은 9장에서 다룰 것이다.

일자리는 어디에

도시가 쇠퇴하기 시작하면 일자리가 더 이상 창출되지 않는다. 문을 닫는 공장이 속출하고 폐업하는 소상공인의 업체가 늘어난다. 쇠퇴하는 도시는 임대할 사람을 구한다는 광고가 건물 여기 저기 붙어 있다. 일하고 싶어도 일할 곳이 없고, 설사 힘겹게 창업을 해도 일할 사람을 구할 수 없다. 경제 활동 인구가 일자리를 찾아 이미 도시를 등진 후이기 때문이다.

다만 희망은 있다. 공동체의 회복을 통해 사회적 경제를 일구려는 노력이 자발적으로 생겨나기 때문이다. 중소도시로 갈수록 실질적인 일자리 창출은 사회적 경제 영역이 한다고 해도 과언이 아니다. 우리나라의 경우, 사회적 경제 조직체는 사회적 기업, 협동조합, 마을기업, 자활기업 등이다. 특히 사회적 기업과 협동조합이 지역 경제 활성화에 큰 역할을 할 것으로 기대된다.

사회적 기업은 복지 영역까지 담당하고 있다. 사회적 약자를 직접 고용하거나 경제적 이윤을 이들에게 환원하기 때문이다. 협동조합은 이른 나이에 실직하였거나 은퇴 후 새로운 삶을 도전하는 이들에게 새로운 가능성을 제시한다. 혼자 하면 실패할 가능성이 커도, 같이 하면 위험 부담이 줄어든다. 서로간의 신뢰와 협력, 네트워크를 통해 창업을 하고 좋은 제품으로 지역 사회의 수요에 부응하기도 한다.

물론 지역경제의 전체 영역 중 사회적 경제가 차지하는 비중은 그렇게 크지 않을 수도 있다. 하지만 경기 침체가 오래 지속될수록 정부나 민간 영역 모두 대안이 그렇게 많지 않다는 것에 고민이 있다. 구세주까지는 아닐지라도 사회적 경제 영역의 활성화는 지역 경제 활로 모색에 한 줄기 빛을 주는 것 같다. 이 책의 마지막 장에서 사회적 경제에 관해 설명할 것이다.

참고문헌

Simons, R. A., DeWine, G. and Ledebur. L. (2017). Retired, Rehabbed, Reborn: The Adaptive Reuse of America's Derelict Religious Buildings and Schools. Ohio: Kent State University Press.

04

도시를 죽이는 공동화현상

– 유휴건물 재활용과 도시재생

도시를 죽이는 공동화현상

유휴건물 재활용과 도시재생

: 도시공동화란?

도시공동화의 개념

도시공동화(空洞化)란 도시가 비게 되는 현상을 함축적으로 표현하는 단어이다. 1970년대에 본격적으로 서울이 개발되고 1990년 이후 서울 인근 신도시들이 완성되면서 우리나라의 인구는 매우 빠른 속도로 수도권으로 몰리기 시작하였다. 이러한 현상을 설명하는 단어가 바로 농촌을 떠나 도시로 향한다는 뜻의 이촌향도(離村向都)이다.

여전히 농촌의 인구가 도시로 향하는 현상이 심각한 사회 문제이지만 그 속도와 양은 과거보다 많이 줄어들었다. 한편 최근 우리 사회 인구이동의 새로운 경향은 도시에서 도시로 이동하는 인구이동이라 할 수 있다. 현대 도시에 사는 도시민은 생활의 거처에 정을 붙이기도 전에 인근 도시로 이동한다. 어떤 도시민은 조금이라도 싼 전세나 월세를 찾아서 인근 도시로 떠나고 어떤 도시민은 이직을 위해 떠나며 또 다른 도시민은 자녀의 교육 혹은 기타 더 좋은 생활환경을 위해 떠난다.

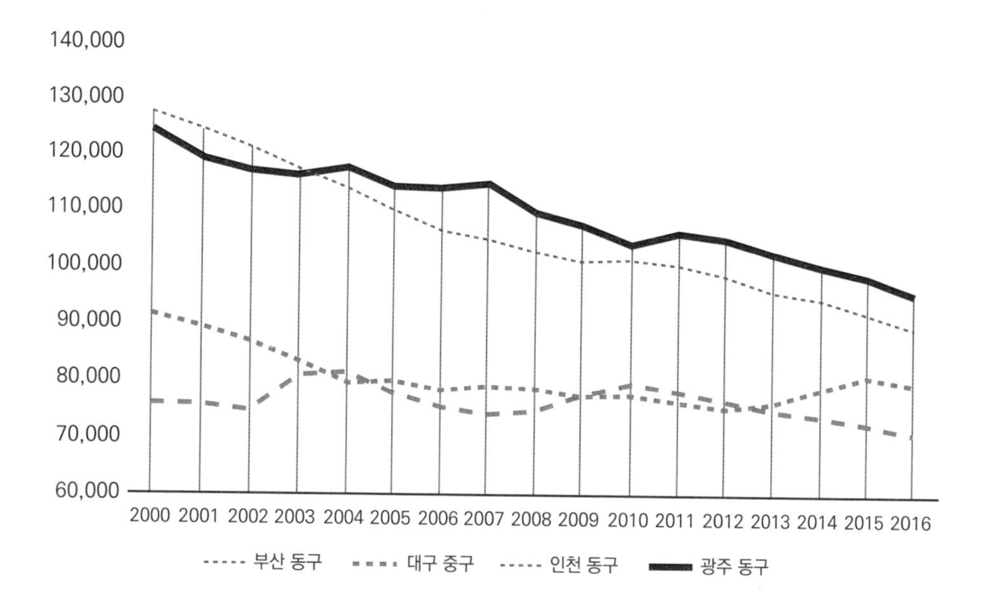

〈대표적인 구도심의 인구 변화〉

데이터 출처: KOSIS

이는 매우 자연스러운 현상이다. 그런데 문제는 도시민이 떠난 자리에 새로운 도시민이 이주하지 않을 경우에 발생한다. 이런 현상이 누적되면 도시가 서서히 비어 버리는 현상이 발생하는데, 이를 바로 '도시공동화'라 한다.

도시공동화로 인해 어려움을 겪는 지역은 흔히 우리가 구도심이라 부르는 지역이다. 위의 그림은 우리나라의 대표적 구도심인 부산 동구, 대구 중구, 인천 동구, 광주 동구 등의 주민등록인구수의 추이를 보여주고 있다. 그림에서 보는 바와 같이 부산 동구와 광주 동구의 인구는 매해 가파르게 감소하고 있으며 대구 중구와 인천 동구는 부산 동구나 광주 동구에 비하여 가파른 정도가 크지 않지만, 인구 규모를 고려하면 꾸준히 감소하고 있는 것을 알 수 있다. 이런 현상이 완전히 해소되거나 최소한으로 완화되지 못하면 도시가 비어 버리는 것을 피할 수 없다.

공동화는 왜 발생하는가?

그렇다면 이 공동화 현상은 왜 발생하게 되는 것일까? 물론 도시 안으로 유입되는 인구보다 빠져나가는 인구가 압도적으로 많기 때문이다. 도시에 사는 도시민의 인구 이동 자체는 매우 자연스러운 현상이지만 새로운 인구가 유입되지 않고 기존 인구는 급격히 빠져나가는 현상은 도시의 활력을 죽이는 심각한 결과를 초래한다.

도시가 공동화되는 가장 근본적인 원인은 바로 신도시 개발이다. 맨해튼 전략에 의해 개발된 도시에는 좁은 면적에 도시가 갖추어야 할 모든 시설이 집약적으로 들어서 있다. 농촌을 떠나 처음 도시에 진입한 새로운 도시민에게 모든 것을 갖춘 도시는 생활의 편리와 낭만을 선물했을 것이다. 하지만 도시 안에 녹지가 많이 존재하지 않고 상권과 교육시설, 주거시절, 종교부지, 공장지대가 매우 근접하여 건설되었으므로 인구의 급격한 증가와 함께 도시 안의 생활 여건이 열악해졌다.

이에 정부는 이러한 도시의 생활 여건을 개선하고자 인구를 분산하는 정책을 형성하여 집행한다. 먼저 개발된 도시의 인접한 지역에 신도시를 개발하게 되는데 신도시보다 먼저 개발된 도시를 구별하기 위해 이를 구도심으로 부르게 된 것이다.

다음의 그래프를 보자. 광주 동구의 인구 규모 자체가 크지 않으므로 앞의 그래프에 비해 인구가 많이 감소하는 것 같지 않은 착각을 불러일으키지만, 이 그래프에서도 꾸준히 감소하고 있음을 알 수 있다. 그런데 같은 기간에 광산구의 인구는 매우 급격히 증가한 것을 알 수 있다. 광주광역시 안의 다섯 자치구 중 광주 동구와 남구는 인구가 꾸준히 감소하고 있으며 서구와 남구는 등락이 있지만, 일정하게 유지되고 있음을 알

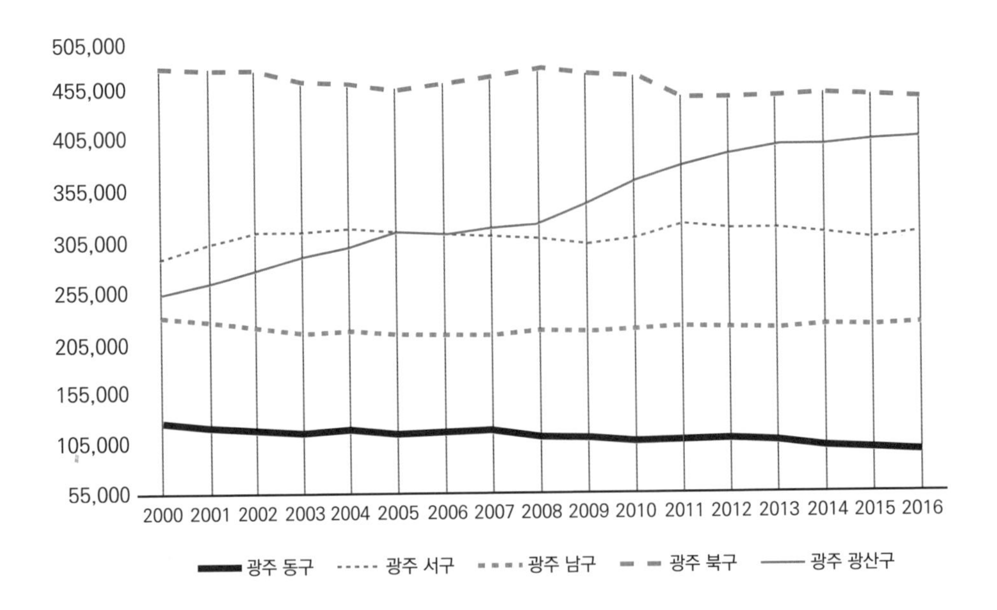

〈광주광역시 자치구의 인구 변화〉

데이터 출처: KOSIS

수 있다. 그런데 광산구만 급격하게 증가하고 있다. 광산구 역시 낙후된 지역이었으나 2005년 전후로 대규모 신도시 개발이 진행된 바 있다. 이에 힘입어 인구가 급격히 증가한 것이다.

대체로 광산구의 개발이 인근 자치구의 인구 감소에 영향을 주었을 것이다. 최근 도시민의 인구 이동이 거처하던 곳에서 가까운 곳으로 이동하는 경향을 보여주기 때문이다.

도시공동화의 결과와 유휴건물의 발생

구도심 인근에 신도시가 개발되어 구도심에 살던 일부 도시민이 새로 건설된 신도시로 이주하여 도시공동화가 발생한다고 설명하였다. 그렇다면 도시공동화의 결과는 무엇일까?

구도심에 살던 도시민의 상당 비율이 신도시로 이동하였지만 새로운 이주자가 없다고 가정해보자. 어떤 일이 벌어질까? 먼저 주거지가 비게 될 것이다. 새로 건설된 아파트들은 새 주인을 찾지 못하는 경우가 속출할 것이며 떠나버린 도시민이 거주하던 주택들도 새 주인을 찾지 못할 것이다. 당연히 주택의 가격은 하락하게 된다.

구도심을 떠나 인근 신도시에 정착한 도시민 중 상당수는 여전히 구도심에 일정한 적을 두고 있다. 아마 대부분 주거지는 신도시에 있지만, 여전히 직장 생활은 구도심에서 할 것이다. 혹은 자녀가 여전히 구도심에 위치한 학교에 재학 중일 수도 있다. 구도심에 있는 교회에 출석할 수도 있고 습관적으로 구도심에 위치한 재래시장이나 소형마트에서 장을 볼 수도 있다.

그런데 시간은 흐른다. 새로 개발된 신도시에는 훨씬 많은 연봉을 보장하는 새로운 기업이 이주하거나 창업하게 된다. 자녀는 언젠가 학교를 졸업할 것이고 신도시에도 속속 종교 단체들이 부지를 선점한 후 교회나 성당 등을 건축하여 도시민을 유혹할 것이다. 신도시에는 우리가 익히 들어 온 대형마트들은 대부분 입점할 것이고 구도심과 비교할 수 없을 정도로 많은 생활의 편리와 문화적 혜택을 선물할 것이다. 이제 구도심을 떠난 도시민은 그들이 떠나온 구도심에 적을 둘 이유가 사라졌다.

따라서 도시공동화가 발생하면 가장 먼저 주거지가 비게 되고 기업이 쓰던 건물이 비게 되며 폐교가 발생할 것이고 교회나 성당 등의 종교 시설 역시 문을 닫게 되는 운명에서 자유로울 수 없다. 도시공동화 현상의 최종적 결과는 바로 도시의 여려 건물들이 비어 버리는 것이다. 더는 새로운 사용자를 찾지 못해 버려져 있는 건물을 유휴건물이라 한다.

: 도시에 유휴건물이 많아지면

도시의 유휴건물은 다양한 측면에서 부정적인 외부효과(negative externality)를 발생시킨다.[1] 첫째, 가장 심각한 문제는 도시정부의 재정 기반(financial base)을 침해한다는 점이다. 도시정부의 재정은 주로 재산세에 기반을 두는데 버려진 건물은 가치가 매우 낮으므로 도시정부는 마땅히 걷을 수 있는 세금을 충분히 걷지 못한다. 오히려 버려진 건물을 관리하기 위한 비용이 추가로 들 수 있다.

둘째, 도시경제 활성화에 부정적으로 작용할 수 있다. 우선 유휴건물이 도시 안에 많아지면 도시의 매력도가 떨어지게 될 뿐만 아니라 지역경제가 낙후된 지역이라는 인식이 퍼지게 되어 건물의 새로운 수요자를 찾는 것이 거의 불가능해진다. 쳇바퀴 돌 듯 유휴건물의 발생은 도시경제를 악화시키고 악화된 도시경제는 다시 유휴건물의 재활

| 신세계의 최민식과 박성웅

조금 잔인한 예일 수도 있지만, 영화 신세계를 본 독자들은 아마 기억할 것이다. 최민식과 박성웅이 살해된 장소가 바로 버려진 건물이었다.

1 유휴 건물의 부정적 외부효과는 레이와 그래덱(Leigh and Gradeck, 1996))의 연구 논문, 새기너, 사이먼스와 트루프(Saginor, Simons and Throupe, 2011)의 연구 논문, 그리고 저자의 연구 논문인 'Justification of Public Subsidy: Externality Effects of a Historic Church Reuse Project on Neighborhood Housing Sales Price in Cleveland, Ohio' 등에서 발췌 후 요약하였음.

용에 장애가 되는 것이다.

셋째, 범죄의 장소로 악용될 소지가 있다. 유휴건물은 관리가 매우 어렵다. 유휴건물은 경제성이 없으므로 건물주가 따로 관리자를 고용하거나 건물의 관리를 위해 투자하지 않는다. 따라서 범죄가 모의 되는 장소로 악용되거나 심지어 범죄가 발생하는 장소로 악용될 수 있다. 그뿐만 아니라 가출 청소년이나 범죄 집단의 은신처로도 사용될 여지가 충분하다.

넷째, 환경오염의 주범이 될 수 있다. 한번 오염된 환경은 스스로 복원되기까지 매우 긴 시간이 필요하며 단기간에 정화하기 위해서는 상당한 비용이 소요된다. 만약 건물의 원래 용도가 생산 공장이거나, 주유소와 같이 오염 물질을 다량으로 지니고 있다면 방치되었을 경우 도시민의 건강을 해치는 장소가 될 수 있다.

다섯째, 인근 집값 등 부동산 가격에 부정적으로 작용할 수 있다. 이는 둘째, 셋째, 넷째 효과 등이 모두 영향을 미친 결과라 할 수 있다. 새로운 거처를 구하는 도시민은 당연히 깨끗한 환경과 삶의 질에 긍정적으로 작용하는 시설이 많은 지역을 선호한다. 그런데 방치된 건물이 즐비하여 지역 전체의 이미지가 좋지 않거나 범죄의 장소로 악용될 소지가 있는 건물 혹은 오염이 발생한 건물 인근으로 이사 오고 싶은 도시민은 없을 것이다. 이렇게 수요가 하락하면 당연히 인근 부동산의 가격은 하락하게 된다.

유휴건물 재활용의 이점

부정적 외부효과를 고려할 때 유휴건물 재활용은 도시정부 입장에서는 당위에 가깝다. 그렇다면 유휴건물을 재활용할 때 발생할 수 있는 이점은 무엇이 있을까?[2]

먼저 가장 큰 이점은 공급자가 건축 비용을 줄일 수 있다는 점이다. 유휴건물의 외관은 최대한 보존하고 내부만 새로운 용도에 적합하게 수정한다면 건축비의 상당 부분을 절약할 수 있다. 또한, 대부분 유휴건물은 인근 도로와의 접근성이 뛰어나며 주차장 역시 완비한 경우가 많다. 주차장을 새롭게 마련하는 비용과 도로를 만드는 비용 역시 줄일 수 있으므로 전체 건축비는 매우 줄어들게 된다.

그 다음 이점은 도시의 역사가 보존(historic preservation)된다는 점이다. 지어진 지

2 유휴건물의 재활용의 이점에 관한 논거는 타일러가 저술한 'Historic Preservation: An Introduction to Its History, Principles and Practice'에서 발췌 후 요약하였으며 저자의 박사 논문인 'Adaptive Reuse of Religious Buildings in the U.S.: Determinants of Project Outcomes and the Role of Tax Credits'를 참조하였음

상당한 시간이 흐른 건물은 비록 낙후되었을지라도 도시민에게 중요한 의미가 있을 수 있다. 건물이 상업 활동의 근거지였다면 도시민 중 그 건물에서 일한 사람에게는 나름이 추억이 깃든 장소일 수 있다. 또한, 건물이 학교였다면 그 학교를 졸업한 사람 입장에서는 이미 폐교했어도 건물 자체가 보존된다면 큰 기쁨일 수 있다. 모든 건물에는 나름의 이야기가 있다. 건물을 보존함으로써 그 이야기를 함께 보존하게 되고 이는 곧 도시의 역사성을 지키는 일이 된다.

또 다른 이점은 도시의 지속가능성이 커진다는 점이다. 도시의 자산을 최대한 보존함으로써 새로운 건물을 지을 경우 발생할 환경오염을 방지하고 자원의 낭비를 줄일 수 있다. 건물을 신축하기 위해서는 상당히 많은 자원이 들어간다. 건축 자재를 공급하기 위하여 자원이 채취되고 건물이 지어지는 과정에서 심한 환경오염이 발생한다. 그런데 기존의 건물을 활용하면 이런 우려가 해소될 수 있다.

도시정부 입장에서 새로운 수요에 맞는 시설을 공급할 수 있다는 점 역시 유휴건물 재활용의 이점이라 할 수 있다. 이미 경제성을 상실한 유휴건물을 가장 잘 활용할 수 있는 주체는 바로 도시정부이다. 도시정부에 저소득층을 위한 주거지가 부족하다면 이를 공급할 수 있으며 문화센터가 부족하다면 문화시설을 입지시킬 수도 있다. 도시정부 입장에서 큰 비용을 투입하지 않고도 원하는 여러 형태의 공공시설을 입지시킬 수 있다.

유휴건물이 재활용되어 성공한다면 최종적으로 도시경제 역시 살아날 수 있다. 유휴건물이 많아질 때 발생하는 많은 부정적 외부효과들이 제거되기 때문이다. 도시정부의 세수 역시 확장될 수 있으며 유휴건물의 재활용과 연계한 새로운 산업이 탄생할 수도 있다. 이는 최종적인 이점이라 할 수 있다.

재활용 여부의 판단 근거

도시정부 입장에서 모든 건물이 재활용 가치가 있는 것은 아니다. 다음의 그림을 통해 건물의 재활용을 위한 몇 가지 조건을 생각해보자.[3]

우선 역사적으로 보존가치가 있어야 한다. 단순히 건물의 나이가 중요한 것이 아니

3 재활용을 위한 조건은 패닝(Fanning)의 저술 'Market Analysis for Real Estate'에서 제시한 것을 한국적 상황에 맞게 수정한 것임.

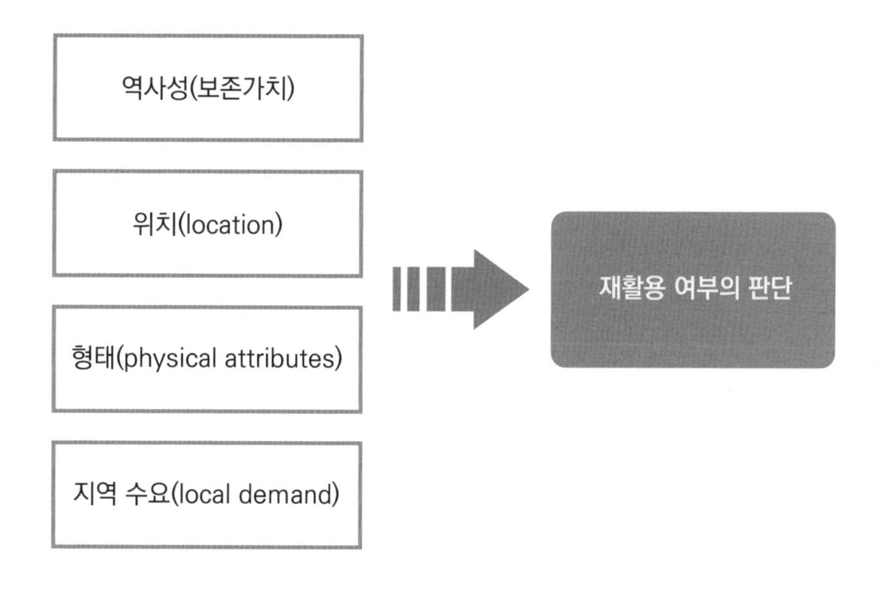

〈재활용 결정의 판단 근거〉

라 도시정부 입장에서 혹은 도시민의 입장에서 보존할 때의 가치가 허물 때의 가치보다 커야 한다. 건물을 소중히 생각하는 도시민이 도시 안에 다수가 있고 건물 자체가 도시민에게 전해주는 나름의 이야기가 있으면 재활용 가치가 있다.

건물의 위치(location) 역시 재활용의 판단 여부에 매우 중요한 잣대이다. 만약 건물이 구도심에 위치한다면 유휴건물의 재활용이 도시재생에 있어 매우 중요한 수단이 될 수 있다. 그런데 지나치게 도시 외곽에 있어 도시민의 발길이 닿기 힘들거나 산속에 있어 재활용 자체가 불가능하다면 재활용의 가치가 그렇게 크지 않다. 만약 재활용의 목적이 상업 용도로 재활용하는 것이라면 위치는 더욱 중요한 요인이 된다.

건물의 형태(physical attributes)도 재활용 판단 여부에 있어 매우 중요하다. 예를 들어, 건물이 지나치게 작다면 재활용 가치가 크지 않을 수 있다. 작은 건물은 재활용하더라도 도시정부 안에서 긍정적인 효과를 창출하기 어렵기 때문이다. 주차장이 존재하거나 조경 등이 잘 조성된 건물이라면 재활용 가치가 더욱 커질 수 있다. 건축 비용을 상당히 절감할 수 있을 뿐 아니라 재활용의 용도 역시 다양하게 설정할 수 있기 때문이다.

지역의 수요(local demand)는 재활용 용도를 설정할 때 매우 중요한 판단 요소이다. 이는 지역의 미래 비전과도 관련이 있다. 만약 도시정부와 도시민이 도시의 미래를 '문화도시'로 설정한다면 유휴건물을 재활용하여 문화시설을 입지시킬 수 있을 것이다. 혹은 '교육도시'로 설정한다면 산학협력 단지나 새로운 교육 시설 등을 입지시킬 수도 있다.

유휴건물 재활용 프로파일

애쉬베리 델라웨어(Ashbury Delaware) 감리교회 재활용 플랜

가장 먼저 이 책에서 선보일 유휴건물 재활용 사례는 미국 뉴욕 주 버팔로 시에 위치한 애쉬베리 델라웨어(Ashbury Delaware) 감리교회(이하 애쉬베리 교회)이다.[4] 미국 사회에서 흔하게 볼 수 있는 벽돌로 건축된 전형적인 교회 건물이다.

교회는 버팔로 출신의 건축가인 존 셀 커크(John Selkirk)에 의해 1871년부터 1876년에 걸쳐 건축되었다. 당시만 해도 나이아가라 폭포를 끼고 있는 버팔로 시는 미국 동부에서 떠오르는 젊은 도시로서 잠재력이 풍부한 도시였다. 하지만 뉴욕 주의 중심이 뉴욕 시로 옮겨갔고 나이아가라 역시 버팔로 시보다 캐나다가 더욱 관광지로 각광받으면서 버팔로 시는 1980년을 기점으로 급격히 쇠퇴하였다.

애쉬베리 교회 역시 1970년대 말까지 감리교단 소속의 교회로서 많지 않은 성도로 힘겹게 버텼지만 1980년 초에 재정 압박을 견디지 못하고 문을 닫게 되었다. 버팔로 시의 중심가에 위치하고 있었으나 도시의 경제가 워낙 좋지 않아 재활용되지 못한 상태로 약 20년간 방치되었다. 1990년대 말에 이르러서야 음악가인 애니 디 프랑크(Ani DiFranco)와 그녀의 매니저인 스콧 피셔(Scot Fisher)가 이 교회 건물을 구입하여 재활용 계획을 수립하게 된다.

이 교회 건물은 1876년에 건축되어 보존가치가 매우 큰 것으로 평가되었다. 지역 내 주민 역시 교회 건물을 보존을 요구하던 상황이었다. 이 건물은 교회로서는 수명을 다했으나 지역 수요의 부족으로 인해 재활용 계획을 수립하는 데 어려움을 겪었다. 그런데 지금은 약 800석의 콘서트홀과 음악 녹음실 등으로 재활용되는 버팔로 시의 도시재생을 상징하는 건물이 되었다. 부족한 재정은 연방 정부의 재정 지원 정책을 최대한 활용하였으며 도시정부 역시 재활용이 완성될 때까지 최대한의 지원을 아끼지 않았다.

4 이 교회 건물에 관한 설명은 주로 지금 이 건물을 재활용하고 있는 기업인 Righteous Babe Records의 홈페이지(http://www.babevillebuffalo.com)와 저자의 박사학위 졸업 논문을 참조하여 요약하였음.

애쉬베리 델라웨어 감리교회

미국 뉴욕주 버팔로시에 있는 Ashbury 교회의 전경이다. 1876년도에 건축된 교회는 1990년대 말부터 콘서트홀과 녹음실, 음악 관련 상품점 등으로 활용되고 있다.

사진출처: www.preservationready.org

대구연초제조창 재활용 플랜: 대구예술발전소의 탄생

다음으로 소개할 재활용 프로젝트는 우리나라의 대구광역시 중구 수창동에 위치한 대구예술발전소(이하 예술발전소)이다. 이 연초제조창은 1949년 건립된 한국 최초의 담배제조 공장으로서 1981년까지 부분 보수를 거듭하며 한국 담배산업의 중추 시설로 쓰였지만 1999년 최종적으로 폐쇄됐다. 공장이 폐쇄된 뒤 주변 지역은 공동화가 심해져 낙후되어갔다.

2008년 당시 문화체육관광부의 '지역 근대산업유산을 활용한 문화예술창작벨트 조성 사업'에 선정됨으로써 건물을 보존하기로 결정되었으며 2011년에 문화센터로 재활용하기 위한 공사가 시작되었다. 2년여의 공사와 개관 준비 끝에 마침내 2013년 3월

대구예술발전소 외관

그림에서 보는 바와 같이 옛 연초제조창의 외관은 거의 보존되었다. 지역 산업의 중심지를 보존함으로써 도시재생 과정에서 도시의 정체성 훼손이 최소화되고, 동시에 이 장소에서 일한 많은 사람에게 추억을 선물하고 있다.

에 지금의 예술발전소로 문을 열었다.[5]

위의 사진은 예술발전소의 외관이다. 사진에서 보는 바와 같이, 외관은 온전히 보존되었으며 주차장 정도의 정비만 이루어졌다. 바로 옆에는 수창공원이 함께 조성되어 예술발전소를 찾은 주민이 들러 쉴 수 있는 공간도 제공되고 있는 모습이다.

다음 페이지의 사진은 예술발전소의 내부 모습이다. 저자가 직접 촬영한 2층 로비인데 맞은편에는 독서실과 상하층을 오르내릴 수 있는 계단이 있다. 한편 1층에는 제1전시실과 주민 교육을 위한 강의실이 설치되어 있으며 2층에도 전시실이 있다. 총 4층 건물로서 강연을 위한 강당과 사무실 등도 위치하고 있다.

건물의 크기 자체가 2~3개의 전시실뿐만 아니라 강의실과 강연을 위한 홀 등을 충분히 갖출 수 있을 정도로 크다. 이는 이 건물의 재활용 효용성을 높이는 결과를 가져온 것으로 추정할 수 있다.

예술발전소는 대구 중구에 위치하고 있는데 주변 지역의 낙후 정도가 매우 심하다. 연초제조창의 폐창과 함께 지역 주민의 일자리가 많이 사라지면서 지역 경제 자체가 심하게 침체되었다. 다행스럽게도 예술발전소의 개관과 함께 인근 지역에 재생이 일부분 진행 중이다.

5 이 건물의 역사와 연혁은 예술발전소의 홈페이지(http://www.daeguartfactory.kr)를 참조하였음.

대구예술발전소 내부

연초제조창의 내부는 새로운 목적에 충실하도록 재구성되었다. 하지만 내부 역시 보존할 수 있는 부분은 최대한 보존한 모습이다. 전시 공간, 교육 공간, 강의 공간 등을 내부에 만들어 놓음으로써 지역 주민의 문화적 욕구를 최대한 충족시키고자 노력한 것이 특징이다.

아래의 사진은 예술발전소 바로 인접한 공터 위에 위치한 버려진 건물 두 채의 모습이다. 예술발전소와 대조적으로 상당히 낙후되어 도시 전체의 미관을 매우 해치고 있었는데 예술인들의 작업실로 예술발전소 측에서 재활용할 예정이라고 한다. 이 건물의 재생 작업이 마쳐지면 이 지역 전체의 분위기가 매우 긍정적으로 변할 것으로 기대한다.

대구예술발전소 바로 옆 건물

예술발전소 바로 인접한 공터 위에 두 채의 터 건물이 보였다. 지역 주민에게 직접 확인해 보니 소형 다세대 주택이었는데 상당한 기간 버려져 있는 상태라고 한다. 이 건물 두 채를 예술발전소에서 예술작가의 작업실로 재활용할 계획이라 한다.

웨스트 테크 고등학교 재활용 플랜: 저소득층을 위한 임대주택 공급

마지막으로 소개할 사례는 미국 오하이오 주의 클리블랜드(city of Cleveland)에 위치한 웨스트 테크 고등학교이다. 1912년에 설립된 이 기술 고등학교는 지금 현재 저소득층을 위한 임대아파트로 활용되고 있다.

문을 닫은 학교, 즉 폐교의 재활용은 어느 사회에서나 매우 흥미로운 주제이다. 우리나라 역시 폐교의 성공적인 재활용 사례가 없는 것은 아니다. 그런데 우리는 문을 닫는 학교가 주로 농촌이나 산간벽지(山間僻地)에 위치하고 있는 반면에 미국은 도심지에 위치하고 있다.

우리나라와 미국의 폐교 발생 원인은 유사한 듯 다르다. 우리나라는 이촌향도(離村向都)의 영향으로 폐교가 많이 발생하고 있다. 1970년대 이후 산업화가 진행되면서 농촌의 젊은 인구가 대거 도시로 유입되었다. 이에 농촌과 산간벽지에는 주로 노인 인구가 남게 되어 출산 자체가 많지 않게 된 것이 우리나라 폐교 발생의 주원인이다.

한편, 미국은 도심지에 거주하던 백인 인구가 도심지의 낙후된 생활환경을 떠나 삶의 질이 높은 외곽지역으로 이주한 것이 폐교 발생의 주된 원인이다. 이렇게 도심지를 떠나 교외로 이주하는 것을 교외화(sub-urbanization)라 한다. 교외화는 미국 도시를 설

웨스트 테크 고등학교

미국 오하이오 주 동부에 위치한 West Tech 고등학교는 1912년에 설립되어 100년이 넘는 역사를 자랑한다. 1995년에 마지막 졸업생을 배출하였으며 현재 임대 아파트로 활용되고 있다. 도시정부(클리블랜드)의 주도로 진행된 프로젝트이다.

사진출처: www.cleveland.com

명할 때 반드시 이해해야 하는 개념이라 할 수 있다. 교외화가 가속되게 된 직접적인 동기는 고속도로의 건설이고 차를 소유한 백인이 고속도로를 이용하여 출퇴근할 수 있는 거리에 위치한 교외로 거주지를 옮긴 것이다.

2000년대 이후 미국에서 가장 많이 인구가 감소한 지역 중 한 곳이 바로 클리블랜드이다. 교외화 현상과 함께 클리블랜드 지역의 전반적인 인구 감소가 맞물려 웨스트 테크 고등학교가 문을 닫게 되었다. 1995년에 마지막 졸업생을 배출한 이후 문을 닫고 지금은 임대주택으로 재활용되고 있다.

West Tech Lofts로 불리는 이 임대주택의 가장 큰 특징은 바로 전체 호수(number of units)의 40%가 저소득층을 위한 임대주택(low income housing)이라는 것이다. 저소득층을 위한 임대주택은 당연히 매우 저렴한 가격으로 저소득층에게 임대된다. 이 건물은 도시재생을 위해 클리블랜드가 추구하는 혼합개발(mixed development)의 상징이 되었다. 혼합개발이란, 중산층과 저소득층이 함께 공존하는 도시를 건설하거나 주택단지를 건설하는 방식을 말한다.

우리나라는 현재 저출산으로 미래 성장 동력의 급격한 하락이 우려되고 있다. 지금까지 우리나라의 폐교는 주로 농어촌 지역과 산간벽지에서 발생하였는데 앞으로는 도심지에서도 학교의 활발한 통폐합으로 인해 도심지 폐교가 많이 발생할 것으로 예측된다. 도시의 다양성을 유지하고, 복지 수요도 충족시키는 웨스트 테크의 사례는 참고할 가치가 있는 것으로 보인다.

참고문헌

Choi, E. (2000). Adaptive Reuse of Religions Buildings in the U.S.: Determinants of Project Outcomes and the Role of Tax Credits. Doctoral Dissertation of Cleveland State University, USA.

Choi, E. (2010). Justification of Public Subsidy: Externality Effects of a Historic Church Reuse Project on Neighborhood Housing Sales Prices in Cleveland, Ohio. International Review of Public Administration 15(1): 51-67.

Fanning, S. F. (2005). Market Analysis for Real Estate: Concepts and Application in Valuation and Highest and Best Use. Chicago: Appraisal Institute.

Leigh, N. G. and Gradeck, R. (1996). Urban Neighborhood Demographics Associated with Environmentally Suspect, Tax-Delinquent Properties: Equity and Redevelopment Implications. Review of Black Political Economy 25(1): 61-81.

Saginor, J., Simons. R. A. and Throupe, R. (2011). A Meta-Analysis of the Effect of Environmental Contamination on Non-Residential Real Estate Values. Journal of Property Investment & Finance 29(4/5): 460-478.

Tyler, N. (2000). Historic Preservation: An Introduction to Its History, Principles, and Practice. New York: W. W. Norton and Company.

05

도시가 오염되었을 때

– 브라운필드 재활용 플랜

도시가 오염되었을 때

브라운필드 재활용 플랜

: 브라운필드란?

브라운필드(brownfield)는 그린필드(greenfield)와 대비되는 개념으로서 개발이 완료되어 오랫동안 특정한 목적으로 활용되었으나 최근에는 환경오염 등으로 인해 활용가치가 현저히 낮아진 부지를 말한다(최유진, 2013).[1] 브라운필드는 공업용 부지와 상업용 부지를 의미하는 경우가 일반적이지만 종교 부지나 교육용 부지뿐만 아니라 개인 주택 역시 오염 정도가 매우 심해 오염을 제거하지 않은 상태에서는 재활용할 수 없는 부지를 모두 일컫는 대명사가 되었다.

미국에서 브라운필드에 관한 관심이 증폭된 계기는 러브 커낼(Love Canal) 사건 이후이다. 러브 커낼 사건의 개요는 대략 다음과 같다.[2]

사업가 러브(William T. Love)는 1890년 나이아가라 폭포와 온타리오 호를 연결하

1 저자는 연구 논문 '브라운필드 재활용 촉진을 위한 정책도구 연구: 미국 클리블랜드 지역의 사례를 중심으로'라는 연구 논문에서 이와 같이 브라운필드를 정의하면서 미국 환경청의 정의를 차용한 바 있다.
2 출처: https://rebelsiren.wordpress.com

는 대운하를 건설하고자 사업권을 따냈다. 운하 건설이 본격적으로 시작되기도 전에 미국에 불어 닥친 경기 한파로 사업은 전면 중단될 수밖에 없었다. 러브의 운하는 1950년대에 이르기까지 방치된 채로 버려져 있었으며 심지어 각종 산업 폐기물이 불법적으로 매립되는 매립지로 사용되었다. 그런데 문제의 발단은 1953년 나이아가라시의 교육위원회가 이 부지를 매입하여 초등학교를 건축한 후에 시작되었다. 일종의 도시 활성화 프로젝트로서 러브 커낼 부지 위에 학교를 짓고 주변에 개인 주택을 건설하기 시작한 것이다. 이 때부터 비극이 시작되었다. 학교에서 공부하고 놀이를 하던 아이들이 희귀암에 걸리거나 청력을 상실하는 사태가 발생했고 인근 지역의 임산부들은 지속적으로 유산을 하거나 선천적인 기형아를 출산하였다. 처음에는 기분 탓이나 우연으로 상황을 모면하기 급급했던 시당국도 사태가 진정될 기미를 보이지 않자 뉴욕 주정부뿐만 아니라 연방정부와 함께 비상사태를 선포하고 학교를 폐쇄한 후 진상 조사에 나섰다. 수많은 피해사례를 확인한 연방정부는 재원을 투입하여 마을 주민의 이주를 지원하였다. 또한 1980년 연방 의회는 일명 슈퍼 펀드법(Super Fund Act of 1980)[3]을 통과시켜 유해물질로 인한 주민 피해를 구제하고 오염지역을 정화시키기 위해 기금을 조성하는 법적 장치를 마련하였다. 미국 사회에 있어 러브 커낼 사건은 지금까지도 오염 정화의 중요성을 일깨우는 아픈 사건으로 기억되고 있다.

산업화 과정을 거친 도시는 필연적으로 다수의 브라운필드를 보유할 수밖에 없다.

러브 커낼 지역 주민의 항의 표시

사진출처: https://rebelsiren.wordpress.com

러브 커낼 지역 폐쇄된 학교 부지

사진출처: https://rebelsiren.wordpress.com

3 법률의 원래 이름은 'Comprehensive Environmental Response, Compensation, and Liability Act'로서 통칭 CERCLA이다.

특히 브라운필드는 산업화 이후 쇠퇴하는 과정에 있는 도시에 많이 분포하여 도시 활성화의 장애 요인으로 작용하고 있다.

농경 사회를 지나 도시화된 지역은 필연적으로 2차 산업 중심의 산업화 과정을 거친다. 이 때 도시의 고도성장을 이끄는 주요 산업군은 오염 물질을 다량으로 배출하는 산업군일뿐만 아니라 지역경제의 성장이 1차적 목적인 도시정부 역시 오염 물질의 다량 배출을 묵인함으로써 토양과 수질 등의 오염을 가속화한다.

도시의 성장이 정점을 찍은 후 도시는 새로운 도전에 직면하게 되는데 더는 오염 물질을 다량으로 배출하는 산업으로는 도시의 쇠퇴를 막을 수가 없으므로 서비스 산업이나 IT 산업, 문화 산업 등으로 도시의 새로운 활력을 모색한다. 이러한 과정에서 산업단지로 불리는 기존 공업 용지, 상업 용지 등이 유휴부지로 전락하게 되는데 단순한 공터의 개념이 아닌 브라운필드로 편입된다고 할 수 있다. 매우 심하게 오염되어 있으므로 오염 물질의 정화가 선행되어야만 추후 재활용을 기약할 수 있는 부지가 되는 것이다.

브라운필드 재활용 플랜

도시화된 지역에서 브라운필드의 발생은 도저히 막을 길이 없다. 따라서 지역 사회가 브라운필드로부터 좋지 않은 영향(그 영향에 대해서는 바로 이어 설명한다.)을 받기 전에 적절한 수단을 마련하여 재활용할 필요가 있다. 재활용이 필요한 부지를 확인하고 가능한 방안을 마련하여 재활용을 집행하는 계획을 수립하는 것을 저자는 브라운필드 재활용 플랜으로 부른다.

브라운필드는 위치나 형태, 오염정도 등에 따라 다양하게 재활용될 수 있다. 오염정도에 따라 브라운필드의 재활용 플랜이 달라질 수도 있다는 견해도 존재한다. 브라운필드의 오염 정도가 매우 심한 상태임에도 불구하고 주거지나 학교 혹은 기업의 회사 건물 등 긴 시간 동안 사람이 머무르는 장소로 활용된다면 추후 공중보건상의 문제가 발생할 수 있기 때문이다.

이는 역으로 오염 정도가 크지 않고 약간의 정화로 재활용할 수 있는 부지라면 주택이나 학교 등 지역 사회에 부족한 시설을 공급하는 용도로 활용하는 것이 가능하다는 뜻이 된다. 브라운필드의 재활용 플랜을 지역 사회의 상황에 맞게 수립하고 집행한다면 도시재생의 관점에서 오히려 지역 사회 활성화의 기회가 될 수도 있다. 이 관점에서 도시의 기회를 말하고자 한다.

브라운필드 재활용의 정당성

그렇다면 왜 오염정화에 큰 비용이 들 수밖에 없는 브라운필드를 재활용해야만 할까? 어떤 측면에서 브라운필드 재활용의 정당성이 부여되는 것일까? 브라운필드 재활용의 정당성을 고민하기 위해서는 브라운필드의 부정적인 효과를 살펴볼 필요가 있다. 그 효과를 제거하기 위해 브라운필드를 재활용해야만 하기 때문이다.

브라운필드가 지역사회에 미치는 부정적 외부효과(negative externality)는 크게 세 가지 관점으로 구분하여 생각해볼 수 있다. 이 관점은 드 소우사(De Sousa, 2000)의 주장을 근거로 한다. 첫째 관점은 환경적 관점이며 둘째 관점은 사회 · 경제적 관점이고 마지막 셋째 관점은 행 · 재정적 관점이다.

첫째 관점인 환경적 관점에 대해 짚어보자. 브라운필드가 방치된다면 그 자체로 공중 보건과 위생에 막대한 악영향을 미치게 된다. 오염 물질의 외부효과는 그 한계가 명확하지 않다. 다시 말해 사람이 인위적으로 정한 경계에만 머무르는 것이 아니라 확산하며 인체에 악영향을 미칠 수 있다. 특히 러브 커낼 사례에서 볼 수 있듯이 면역이 약하거나 아직 오염 물질에 대한 이해가 크지 않은 유아와 아이들에게 더 큰 피해를 입힐 수 있다. 자연환경 역시 지속적으로 파괴되어 결국 이는 지역 사회에 부정적인 효과로 환원된다. 오염은 매우 고질적이며 지속적으로 확산하는 특징이 있다. 한번 파괴된 자연은 복원력을 상실하는 순간 걷잡을 수 없이 빠른 속도로 파괴가 진행된다. 이는 생태계를 파괴하고 다시 이를 섭취하는 사람의 건강을 해치는 요인이 되는 것이다. 드 소우사는 도시 환경이 파괴됨으로써 도시 경관이 매우 나빠지는 등의 요인도 지적하고 있지만 사실 인체에 해로운 것만큼 큰 영향은 아니다.

다음으로 둘째 관점인 사회 · 경제적 관점에 대해 생각해 보자. 지역 사회에 오염 부지가 있으면 낙인 효과가 발생한다. 낙인 효과가 발생하게 되면 주변 집값에 악영향을 미치게 된다. 오염 부지 인근의 주거지에 정상적인 집값을 지급하고 이주할 사람은 없기 때문이다.

당연히 기존 가격보다 낮은 가격에 주택이 거래될 수밖에 없고 이 과정이 서너 차례 지속되면 결국 오염 부지 인근에는 경제적 빈곤층이 모여 살 수밖에 없다. 이는 환경

정의(environmental justice)의 문제이기도 하다. 사람이라면 모두 깨끗한 환경에서 살 권리가 있지만, 경제적으로 빈곤한 계층은 오염된 지역에 모여 살 수밖에 없는 상황에 놓이게 되고 주거 환경이 좋은 지역의 집값을 감당하지 못하는 빈곤 계층의 오염 부지 인근 집적 현상은 정책적 개입 없이 해결하는 것이 불가능해진다.

이제 마지막으로 셋째 관점인 행·재정적 관점에 대해 생각해 보자. 브라운필드는 완전히 버려졌거나 역할을 충분히 감당하지 못하는 땅이다. 이는 곧 도시정부의 세수와도 관련이 있다. 대부분의 해외 국가와 마찬가지로 우리나라도 도시정부의 주요 세원은 토지세이다. 토지의 가치가 다른 도시에 비해 낮으면 당연히 세수가 적게 걷힐 수밖에 없다.

도시 내에 많은 브라운필드가 저개발 상태이거나 아예 버려진 상태로 존재한다면 도시정부는 그만큼 세금을 충분히 부과하지 못하는 상황에 이르게 되어 토지는 존재하지만, 세수는 얻지 못하는 결과가 도출된다. 오히려 그 많은 브라운필드를 관리하는 데 세금을 쓸 수밖에 없게 되어 재정적인 타격을 입을 가능성이 커진다. 또한, 브라운필드는 외부 투자자의 투자를 막음으로써 도시재생 정책의 형성과 집행을 매우 어렵게 만든다. 투자자의 입장에서 브라운필드에 투자하는 결정을 내리기란 거의 불가능에 가깝다. 오염 제거가 선행되어야 하므로 오염 제거에 막대한 비용을 지출해야 하기 때문이다. 외부 투자 없이 도시정부 스스로 도시재생 정책을 진행하는 것은 거의 불가능에 가깝다.

버려진 주유소

지역에서 가장 흔하게 볼 수 있는 브라운필드가 바로 주유소이다. 주유소의 오염 정도는 매우 심할 수밖에 없으므로 인근 지역 주민과 환경에 미치는 악영향이 매우 크다고 할 수 있다.

사진출처: University of Toronto

사진출처: The Portland Press Herald

학교 부지

학교용지 역시 건축 자제에 의한 오염 정도가 매우 큰 부지 중 하나로서 대표적인 브라운필드이다. 학교는 오염 물질만 적당히 제거된다면 활용가치는 매우 높다.

사진출처: 미국 환경청(EPA)

공업용 부지

브라운필드의 선두 주자는 역시 공업용 부지라 할 수 있다. 부지가 매우 큰 것이 특징이고 오염 물질에 의한 오염 정도도 클 뿐만 아니라 폐 공업 자재에 의한 오염 역시 매우 심각한 부지가 바로 공업용 부지이다. 하지만 부지 자체가 크므로 오염 물질이 적절히 제거된다면 활용 가치 역시 큰 편이다.

: 브라운필드의 유형에 관한 탐색

오염으로 인해 활용 가치가 매우 저평가된 대부분의 도시 내 부지를 브라운필드로 정의할 수는 있지만, 이를 몇 가지 유형으로 분류해 볼 수도 있다. 유형 분류는 향후 재활용을 위한 계획을 수립하는 데 큰 도움을 준다. 국내와 해외의 관점이 차이가 날 수 있는데, 먼저 김윤승 등의 논문(2013)에서 제시한 국내의 대표적 브라운필드를 중심으로 살펴보자.

먼저 이전 군사지역이 있다. 미군의 군사 전략에 따른 미군 재배치 정책은 미군이 주둔하고 있는 군사지역을 브라운필드로 전환하고 있다. 특히 서울, 경기도, 인천 등 수도권 내 반환된 기지나 반환 예정 기지는 개발 수요가 매우 큰 것으로 판단된다. 미군기지의 이전은 2002년 당시 한반도에 산재해 있는 100여개의 미군 기지를 크게 2개의 지역으로 재배치하고 경기 북부의 미군 기지를 한강 이남으로 이전하겠다는 계획으로 전 세계적인 미군기지의 재배치 계획(Global Defense Posture Review)에 따라 이루어지고 있다. 2003년부터 순차적으로 반환이 이루어지고 있는데 2017년 용산 미군 기지의 평택 이전 완료로 그 절정을 맞을 것으로 보인다.

반환된 기지를 재활용함에 있어 가장 큰 관심사는 부지의 오염 정도이다. 2009년 한미 양국은 반환 기지에 대한 환경평가를 공동으로 수행하기로 합의하였는데, 합의에 따라 반환 절차가 종료된 23개의 미군 기지에 대한 조사 결과, 1개 부지를 제외한 22개 부지에서 토양 및 지하수 오염이 확인된 바 있다. 미군 기지가 최종적으로 재배치될 때까지 오염 정화는 재활용 가능 여부를 타진하는 데 있어 시장성보다 먼저 해결되어야 할 문제이다.

그 다음 우리나라의 대표적 브라운필드라 할 수 있는 부지는 폐광 지역이다. 석탄 생산을 기반으로 했던 폐광지역은 석탄 산업의 급격한 위축으로 인해 지역 공동화 현상이 발생하였다. 이는 폐광 지역을 지역경제 활성화를 위해 재활용해야 한다는 주장에 정당성을 제공한다고 볼 수 있다.

1980년대까지 광업은 우리나라 일부 지역의 대표적 산업이었으나 생산 원가의 상승에 따른 경쟁력 약화로 광산에 대한 수요는 급감하기 시작하였다. 이에 강원도를 중심으로 폐광이 다량으로 브라운필드로 전환되었다. 폐광 대부분은 인접성이 낮아 재활용 가치가 크지 않지만, 도시의 인접 지역에 위치한 적지 않은 수의 폐광은 브라운필드로서 재활용 가치가 매우 큰 것으로 보고 있다.

이전 군사 지역과 폐광 지역 다음으로 손을 꼽을만한 브라운필드는 비어버린 산업단지이다. 산업단지란 공장, 지식산업, 정보통신산업 등과 이를 지원하기 위한 교육 · 연구 · 업무시설 등을 집단으로 설치하기 위해 포괄적 계획에 따라 개발 · 관리되는 일단의 지역을 말한다. 산업단지는 크게 국가산업단지, 일반 산업단지(지방 산업단지), 도시 첨단 산업단지, 농공단지 등으로 구분되는데 최근에는 과거의 산업단지를 산업 구

광명동굴(구 시흥광산)의 입구

1912년 일제 강점기 우리나라를 수탈하기 위해 개장한 금광이 바로 광명동굴이다.

광명동굴의 내부

2012년 시민에게 개방된 이래 광명시의 대표적인 관광지가 되었다.

조의 고도화와 4차 산업의 육성을 위하여 연구·개발에 초점을 맞춘 클러스터로 전환하는 것이 주요한 과제로 떠오르고 있다.

우리나라 도시 성장에 있어 산업단지의 역할은 매우 컸다고 할 수 있다. 농업 사회를 지나 2차 산업이 도시의 주요 성장 동력으로 자리 잡은 1980년대부터 1990년대 초반에 이르는 동안 흔히 말하는 공단은 우리나라 지역경제 성장의 요람이나 다름없었다. 하지만 산업의 구조가 2차에서 3차 산업이나 대규모의 생산 설비와 인프라가 필요하지 않은 IT 산업으로 전환되면서 지역 내에는 가동되지 않는 공장이 늘어나게 되었다.

이와 같은 현상은 미국 사회에서도 사회문제로 대두된 바 있다. 자동차하면 먼저 떠오르던 브랜드가 캐딜락(Cadillac)이나 크라이슬러(Chrysler) 또는 포드(Ford)였던 1950~1980년대 미국의 주력 산업은 자동차였다고 해도 과언이 아니다. 이 시절 미국의 경제를 이끌었던 지역이 클리블랜드(Cleveland), 피츠버그(Pittsburgh), 디트로이트(Detroit), 아크론(Akron) 등이었다. 한때 부유한 노동자의 상징과도 같았던 지역이었으나 세계적으로 자동차 산업의 중심이 독일과 일본으로 이동하자 급격한 몰락의 길을 걷게 된다.

지금 이 지역은 사양 산업의 중심축이란 의미의 러스트 벨트(Rust Belt)로 불리고 있다. 자동차 산업의 부흥과 함께 동시에 활황을 맞았던 타이어 생산을 위한 고무산업, 자동차 하드웨어를 위한 금속과 플라스틱 산업 등이 모두 철퇴를 맞아 제조업 중심의 지역경제는 거의 파탄에 이를 정도로 악화되었다. 자연스러운 결과로 많은 공장은 문을 닫았으며 도시정부의 숙제로 남겨진 많은 빈 건물은 지역경제 활성화의 암초로 인식되고 있을 정도이다.

우리나라 역시 비슷한 과정을 겪을 수 있다. 중소 도시 중 제조업 기반의 도시에는 여전히 많은 산업단지가 가동되고 있으나 4차 산업의 파고 속에 이 중 얼마나 많은 공장이 살아남을 수 있을지 누구도 장담할 수 없다. 당장 산업단지가 문을 닫으면 재활용을 위해 많은 고민을 하지 않을 수 없다. 단순히 내 · 외관을 재단장하여 재활용하는 수

클리블랜드의 버려진 산업단지-스틸야드

이 사진은 미국 오하이오 주에 위치한 클리블랜드의 대규모 산업단지(스틸야드)의 재활용 전 모습을 보여주고 있다. 대부분 공장이 떠났음에도 여전히 폐자재가 널려있는 것을 알 수 있다. 오염 정도가 매우 컸을 것이라는 추정이 당연히 나올 수밖에 없다.

사진출처: http://www.crookedriverimages.com

사진출처: https://www.flickr.com

현재 재활용되고 있는 산업단지-스틸야드

이 사진은 현재 스틸야드(Steel Yard)의 모습이다. 연방정부와 주정부의 도움 아래 클리블랜드의 도시정부는 막대한 재정을 지원하여 지역의 대표적인 브라운필드를 재활용하는 계획을 수립하고 집행하여 현재는 대규모 쇼핑 단지로 탈바꿈시켰다. 오염은 제거하였으나 산업단지의 구조물을 최대한 활용함으로써 오염 제거에 투입된 막대한 비용을 상쇄할 수 있었다.

준에 머무르게 된다면 러브 커낼의 사례에서 볼 수 있듯이 시간이 지난 후 그곳을 활용하는 주민의 건강에 적신호가 켜질 수 있기 때문이다. 재활용을 위해 오염의 적절한 정화가 요청되는 곳이 산업단지이며, 이에 따라 우리나라 역시 브라운필드의 유형으로서 산업단지의 재활용은 화두로 떠오를 가능성이 크다.

이전 군사기지, 폐광, 산업단지 외에도 가축매몰부지, 비위생 매립지 역시 도시 내의 브라운필드로서 재활용 가치를 탐색해 볼 후보지 중 하나이다.

우리나라의 중소도시에는 여전히 축산업에 종사하는 가구가 적지 않다. 매년 되풀이되는 각종 전염병으로 2~3년에 한 번씩 대규모 매몰이 발생하고 있는 상황에서 가축매몰지의 재활용 문제가 사회문제로 대두될 가능성이 크다. 감염된 가축은 소유자의 사유지에 매몰되거나 사유지가 없을 때만 공유지에 매몰되는데, 매몰 부지는 3년 이내에 활용할 수 없도록 「가축전염병예방법」에서 규정하고 있다. 하지만 법률에서 규정한 기간 소유자가 이 부지를 재활용하거나 판매할 때 가축에 의한 오염 정도를 파악하여 재활용 후 피해를 예방할 수 있어야 한다.

서울의 난지도 매립지, 부산 북구 화명동 매립지 등과 같이 1990년대 이전에 설립된 매립지는 물막이벽, 침출수 처리장 등이 설치되지 않은 비위생 매립지가 대부분이었고, 이런 불량 매립지는 전국에 산재되어 침출수, 악취, 가스 등을 유출시키고 주변 토양, 지하수, 하천의 오염 및 생태계의 파괴 등의 환경문제를 유발하거나 유발에 대한 우려를 안겨주고 있다(김윤승 외, 2013). 이는 지역 주민의 자산 가치 하락에 영향을 줄 뿐만 아니라 삶의 질에도 막대한 악영향을 미침으로써 민원 발생의 주요 원인이 되고 있다.

누가 브라운필드를 재활용해야 하나?

브라운필드의 재활용 정당성은 충분히 설명하였다. 그렇다면 과연 브라운필드의 재활용 주체는 과연 누가 되는 것이 바람직할까? 다음의 그림은 오염 정도와 경제성을 기준으로 브라운필드의 재활용 주체에 대해 거시적으로 표현한 것이다.

오염 정도가 매우 크고 경제성이 매우 낮은 브라운필드를 민간이나 도시정부의 주도로 재활용하는 것은 사실상 불가능하다. 사업 타당성이 매우 낮을 것이 자명하지만 재활용을 위한 오염 정화에 막대한 비용을 민간기업이나 도시정부가 부담할 것으로 기대하기는 현실적으로 어렵다. 이 경우 국가의 예산을 활용한 사업의 집행 외에는 답이 많지 않고 실제로 우리나라는 이러한 부지에 골프장, 카지노 사업을 정부가 출자회사를 설립하여 집행하고 있다.

오염 정도가 크고 경제성 역시 큰 부지는 도시정부 주도의 재활용 플랜 수립이 어

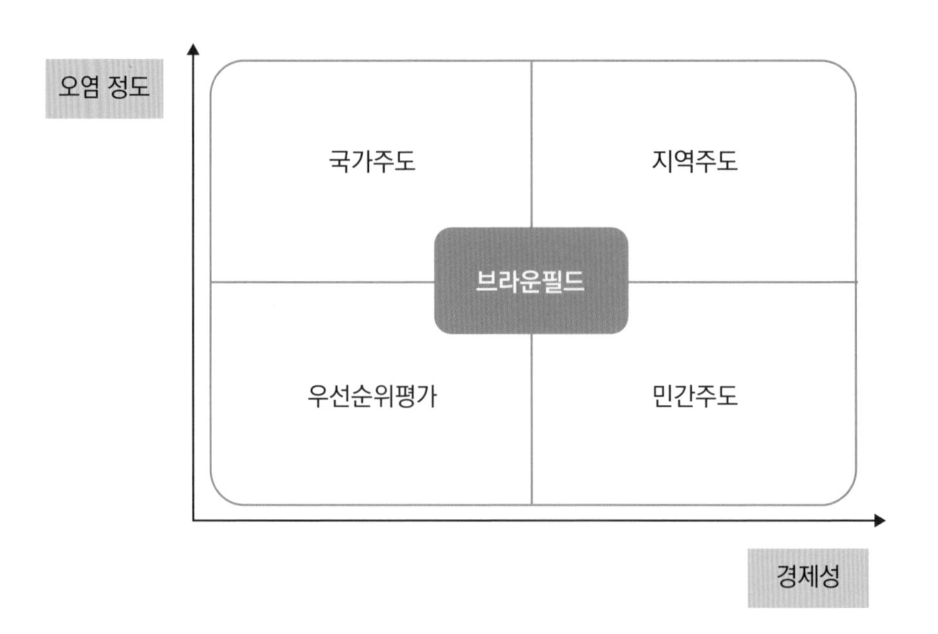

〈오염정도-경제성 매트릭스〉

출처: 김윤승 외(2013)

느 정도 가능할 것으로 보인다. 비록 재활용을 위한 오염정화에 많은 비용이 투입될 수밖에 없지만, 경제적 효과가 클 것으로 예측되므로 지역 주민을 설득하는 것이 어렵지는 않을 것이다. 우리나라에서 최근 추진되는 군부대 이전 후 해당 기지의 재활용 플랜에 있어 지방자치단체가 적극적인 모습을 취하는 것 역시 오염정화에 투입되는 비용을 재활용으로 인한 경제적 효과로 상쇄할 수 있을 것이라는 믿음 때문이다.

경제성이 매우 크지만 오염 정도가 낮은 브라운필드의 경우에는 민간주도의 재활용 플랜 수립이 가능하다. 재활용 후 발생하는 경제적 수익이 민간기업의 오염정화 비용을 상쇄할 수 있고, 제도의 마련 여부에 따라서는 오염정화에 투입되는 비용 일부를 중앙정부 혹은 도시정부가 지원해 준다면 민간기업의 적극적인 참여를 유도할 수 있다. 비록 민간주도의 재활용 플랜이라 할지라도 일자리 창출이 이루어질 수도 있고 재산세 수입 등으로 인해 도시정부의 재정건전성이 오히려 향상될 수도 있다.

마지막으로 오염 정도와 경제성이 모두 낮은 지역은 재활용의 우선순위를 파악해 볼 필요가 있다. 이 부분에 해당하는 부지 중 일부는 재활용 플랜의 수립 자체가 오히려 도시 내에서 부정적으로 작용할 수도 있다. 환경은 그 자체로 복원력이 있으므로 자연적으로 복원될 정도로 오염 정도가 낮은 지역은 소유자의 소유권을 그대로 인정하여 갈등의 소지를 차단하는 지혜도 필요하다.

브라운필드 재활용 플랜이 성공하려면?

도시 내에 적지 않은 오염지역을 바라보면서 재활용 플랜에 관한 고민을 한 번 쯤 해보게 된다. 그렇다면 브라운필드 재활용 플랜을 성공시키기 위한 요인은 과연 무엇일까? 다음은 저자가 제시하는 브라운필드 재활용 플랜의 성공 요인이다.

재활용의 주체는 전술한 바대로 크게 중앙정부, 도시정부, 민간기업 등이 된다. 주체가 누구인지를 불문하고 브라운필드 재활용 플랜이 성공하기 위해서는 갈등 관리와 재정, 시장 등을 고려할 필요가 있다.

갈등 관리의 중요성에 대해 생각해보자. 브라운필드의 재활용 플랜이 수립되면 지역 주민과의 갈등은 어쩌면 매우 필연적이다. 갈등은 크게 두 가지 측면에서 발생할 가능성이 크다. 첫째는 과학적인 오염정화 측면이다. 오염정화 과정을 거쳐도 악취가 여전하거나 메스꺼움을 느낀다는 주민들의 호소가 이어지는 경우가 많다. 예를 들어 환경개선 대책을 이미 집행한 익산시 왕궁 축산 단지의 경우 생태숲 조성을 눈앞에 둔 지금까지도 악취가 난다는 민원이 끊이지 않고 있다.[4] 물론 이런 민원은 정말 악취에 의한 것일 수도 있지만, 축산 단지가 주는 이미지에 기인한 것일 수도 있다. 오염정화에 대한 확신을 지역주민이나 잠재적 수요자에게 주지 못하면 이런 낙인으로 인해 재활용 플랜이 성공하지 못할 가능성이 매우 크다. 시민 모두가 수긍할 수 있는 과학적인 오염정화 계획의 수립과 집행이 절실하다고 할 수 있다.

둘째는 재활용 목적에 관한 주민 합의 측면이다. 브라운필드 재활용 플랜을 수립하고 집행하는 측면에서 시민들의 목소리가 반영되지 않는다면 사업 목적으로 인한 갈등이 지속될 수밖에 없다. 예를 들어, 춘천시에 위치한 미군 이전 기지 중 하나인 캠프 페이지는 시민공원으로 개발하고자 하는 시 당국과 이에 반대하는 시민 간의 갈등으로 여전히 합의를 보지 못하고 있다.[5] 이런 상황은 재활용 사업이 늦어지는 결과를 초래하여 지역 내 브라운필드로 인한 문제를 방치하는 결과를 초래한다. 시민들의 적절한 참여를 보장하는 제도적 장치의 마련이 중요한 부분이라 할 수 있다.

그 다음의 성공 요인은 재정적 요인이다. 한 마디로 재활용을 위한 돈이 충분히 마련될 수 있느냐는 질문에 답을 할 수 있어야 한다. 외부 투자를 받을 가능성이 있는 플랜인지 혹은 민간주도의 경우 정부 지원이 가능한지를 파악할 필요가 있다. 오염정화에는 막대한 비용이 추가로 소모된다. 따라서 민간주도의 플랜에서는 최소한 오염정화 비용을 혜택을 보는 도시정부 혹은 중앙정부와 분담할 가능성에 대해 탐색할 필요가 있다. 중앙정부와 도시정부 주도의 재활용 플랜 역시 이 부분이 매우 중요하다. 따라서 폐

갈등 관리	재정적 요인	시장 요인
• 도시정부의 청사진과 일치 • 오염의 과학적 정화 • 낙인 효과의 관리	• 개발자의 재정상태(대출 등) • 외부 투자 • 도시, 광역, 중앙 정부의 재정 지원	• 수요 확인(지역 주민) • 거시 및 미시 경제 지표 • 부지의 물리적 가치

〈브라운필드 재활용 성공요인〉

4 출처: http://news.donga.com/3/all/20170413/83853175/1
5 출처: http://www.nocutnews.co.kr/news/4599223

광 재활용에 있어 합자회사를 설치한 예에서 알 수 있듯이 중앙과 도시정부의 주도라고 할지라도 연합체를 구성하여 부족한 재원을 충당할 수 있을 것이다.

마지막으로는 시장 요인이다. 시장을 확인해야 한다. 재활용 플랜에서는 당연히 수요자가 존재하며 수요자의 수요에 맞는 재활용 플랜이 집행되어야 함은 자명하다. 만약 국가나 도시경제에 영향을 많이 받는 플랜이라면 거시경제지표와 미시경제지표를 모두 분석할 필요가 있다. 경제지표가 매우 나빠지고 있는 상태에서 공격적 투자는 플랜의 성공을 막는 가장 큰 요인이다. 부지의 물리적 가치 역시 확인해볼 필요가 있다. 부지의 크기나 형태, 고도 등과 함께 건물이 존재한다면 건물의 크기나 층수와 형태 등을 모두 고민하여 가정 적합한 플랜을 택할 필요가 있다.

브라운필드 재활용 플랜 프로파일

브라운필드 재활용 플랜 중 몇 가지 사례를 소개하고자 한다. 위에서 제시한 추진 주체별로 사례를 소개하고자 하는데 국가주도 사례로는 벽화마을 사례를, 지방자치단체 주도 사례로는 익산시 왕궁 축산단지 재활용 플랜을 소개하며 마지막으로 민간주도 브라운필드 재활용 사례로 미국 클리블랜드 시에 위치한 First Church of Christ Scientist의 재활용 플랜을 간단히 다룬다.

국가주도사례: 벽화마을

석탄산업이 강원도, 경상북도, 충청남도, 전라남도 등의 산간 지역에 위치한 중소도시의 주력 산업이었던 적이 있었다. 이 당시 석탄산업의 활황으로 사람들은 너도나도 석탄산업에 종사할 수 있는 도시로 몰려들었고, 인구의 증가로 이러한 지역은 석탄산업 외의 기타 소비 산업도 활성화되었다.

하지만 국내 생산이 수입보다 가격 경쟁력이 떨어지고 국내 에너지 수요가 석탄에서 석유로 옮겨가면서 전국의 석탄산업은 급격히 몰락의 길을 걷게 된다. 석탄으로 활황을 맞았던 도시들의 지역경제는 직격탄을 맞아 전국에서 손꼽히는 빈곤한 지역이 되었다.

1990년대 이후 석탄산업으로 몰락의 길을 걷고 있었던 도시는 광산 인근 도시 전체가 브라운필드가 되었다고 해도 과언이 아니다. 광산 채굴로 인한 오염피해가 극심했을 뿐만 아니라 오염된 지역이라는 낙인효과 역시 만만치 않았다. 사이먼스(R. A. Simons)가 "설사 실제로 오염이 되지 않았어도 오염이 되었을 수도 있다는 낙인이 찍힌 부지는 브라운필드와 다름없다."라고 한 것처럼 낙인으로 인해 지역 전체가 브라운필드가 되어버린 것이다.

폐광으로 인한 오염을 정화하고 지역경제 활성화를 위해 정부의 투자로 설립된 공공기관이 한국광해관리공단이다. 한국광해관리공단의 주도로 영월, 태백, 삼척, 정선, 문경, 보령, 화순 등 총 7개 도시에 벽화마을 조성사업이 추진되었다. 폐광지역이 주는

영월 별총총 벽화마을의 벽화

영월의 벽화마을은 별을 주제로 다양한 벽화가 그려져 있는 것이 특징이다. 마을에 위치한 별마로 천문대의 지역 자산을 활용하여 지역의 이미지를 바꾸고자 노력하는 지역 주민의 의지가 담겨있다고 할 수 있다.

사진출처: 한국광해관리공단

태백 벽화마을의 벽화

태백의 벽화마을은 석탄산업의 애환이 담겨있는 것이 특징이다. 우리의 고달팠던 일상과 힘들었지만 따뜻했던 정을 느낄 수 있는 벽화들로 구성되어 있다.

사진출처: 한국광해관리공단

이미지를 탈피하고자 각기 다른 콘텐츠로 벽화마을이 조성된 것이다.

예를 들어, 태백의 폐광지역인 철암에는 옛 광부들의 모습을 벽화로 승화시켜 예전의 애환을 고스란히 담았다. 비록 석탄산업의 몰락으로 더는 광업에 종사하는 주민은 거의 없지만 지역의 정체성을 잃지 않으려는 노력이 담겼다고 할 수 있다. 반면 영월의 폐광지역은 '별'이라는 콘텐츠로 벽화를 꾸몄다. 벽화마을의 이름도 '별총총 벽화마을'로 짓고 지역 내에 위치한 별마로 천문대를 중심으로 다양한 벽화를 그려 넣은 것이 매우 인상적이라 할 수 있다.[6]

다음의 그래프는 대표적인 폐광 도시이면서 벽화마을을 조성한 도시의 평균 인구증가율의 추이를 보여주고 있다. 2000년대 이후 인구의 감소가 매우 심한 지역임을 알 수 있지만, 광해관리공단의 지역조성사업 시행 이후 인구 감소율의 완화 추세가 매우 뚜렷함을 알 수 있다. 그러나 우리나라의 지역경제가 전반적으로 침체된 2010년 이후 다시 인구 증가율이 다시 꺾인 것을 확인할 수 있는데 벽화마을로 분위기가 반전될 수 있을지가 주목된다.

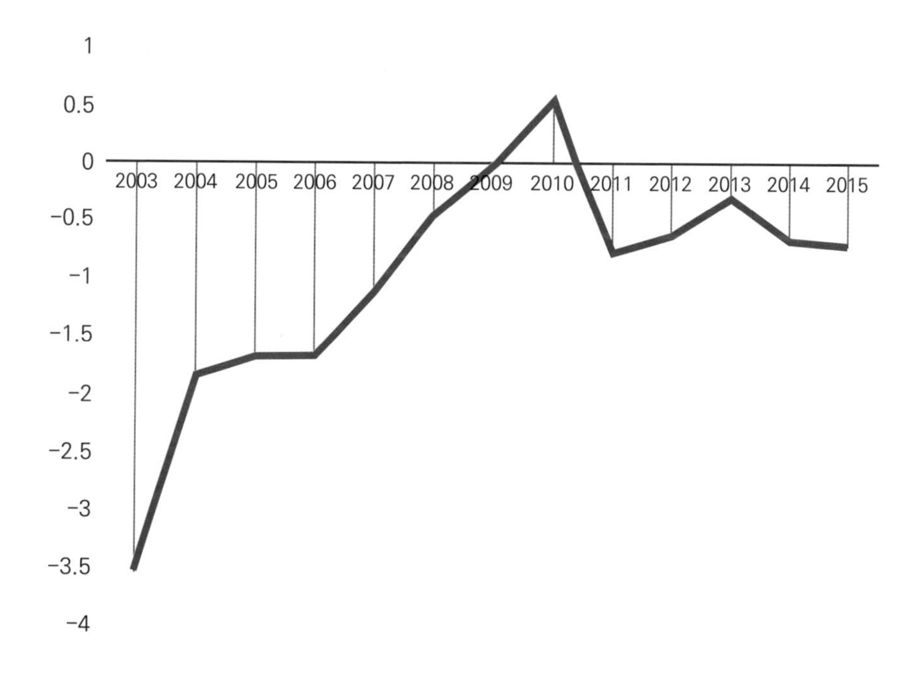

〈벽화마을 조성 폐광지역의 인구증가율 – 7개 도시 평균〉

출처: 국가통계포털

6 출처: 한국광해관리공단.

도시정부주도사례: 캠프 님블 재활용 플랜

미군의 전략적 재배치 계획에 따라 2000년 이후 상당수의 미군기지가 이미 반환되었거나 2017년 이내에 반환될 예정에 있다. 대표적인 기지가 인천시의 캠프 페이지(2002년 폐쇄, 2017년 반환 예정), 원주시의 캠프 이글(2010년 6월 4일 폐쇄), 의정부시의 캠프 시어스(2006년 폐쇄, 2011년 반환), 캠프 카일(2005년 폐쇄, 2007년 반환) 등이다. 동두천시의 캠프 님블 역시 2006년 폐쇄되어 반환된 바 있다.

대부분의 반환 미군기지에서 오염 문제가 대두되었다. 2005년부터 반환될 예정인 미군기지의 환경오염에 대한 영향 평가가 본격적으로 이루어졌는데 조사된 반환 기지 29곳 가운데 무려 26곳(토양 10곳, 토양+지하수 16곳)의 오염이 확인되었다.

특히 인천시의 캠프 페이지는 반환 미군기지 중 오염 정도가 매우 심각한 것으로 언론에 보도되었다.[7] 2007년 청문회 당시 공개된 조사에 따르면 캠프 페이지 토양과 수질 오염 정도는 공개된 29개의 기지 가운데 가장 심각했다. 독성물질인 석유에 의한 오염을 따져봤더니 기준치보다 100배나 높았다. 지하수 역시 벤젠 등 발암물질이 기준치를 훨씬 초과했다는 결과도 발표되었다.

동두천시에 위치한 캠프 님블 역시 캠프 페이지 정도만큼 상황이 좋지 않은 것은 아니었지만 환경오염의 정도가 매우 심각했다. 2008년 1월에 일반 대중에 공개된 캠프 님블은 전체 면적의 20%의 부지에서 토양오염이 발견되었으며 유류에 의한 오염은 기준치에 20배를 초과하는 오염 정도를 나타내었다. 국방부 발표로만 약 35억원의 오염 정화 비용이 추산되었다.[8]

캠프 님블의 재활용 플랜은 2013년 시민에게 수변공원이 개방됨으로써 완료되었다. 동두천시에 따르면 총 46억원의 사업비가 투입되었으며 시민들이 쉴 수 있는 정자, 벤치, 화장실 등이 설치되었고 어린이를 위한 놀이기구와 운동기구 등도 설치되어 시민들의 긍정적인 반응을 끌어 내고 있다.[9]

여전히 많은 미군 기지들이 반환 예정에 있으므로 재활용 플랜의 지속적인 집행이 이어질 것으로 보인다. 미군 기지의 경우 대부분 공원이나 공공기관, 근린 생활공간으로 조성될 계획이다. 오염정화에 대한 국민의 인식에 따라 주거지나 본격적인 상업 지구로 개발하는 것에는 부담이 따르기 때문으로 보인다. 다음 자료는 2010년 당시 행정안전부의 보도 자료에서 발췌한 것이다.

7 출처: http://www.sisain.co.kr/?mod=news&act=articleView&idxno=10387
8 출처: http://www.chosun.com/site/data/html_dir/2008/01/18/2008011800003.html
9 출처: http://news.kmib.co.kr/article/view.asp?arcid=0007303132&code=61122012&sid1=sp

사진출처: 시사인

캠프 님블-과거

동두천시에 위치한 캠프 님블은 2006년 폐쇄된 이후 오염정화가 완료될 때까지 빈 건물과 방치된 부지로 남겨져 있었다. 동두천시의 활성화에 큰 장애로 작용하였다.

사진출처: 경기북부시민뉴스

캠프 님블-현재

캠프 님블의 현재 모습이다. 캠프 님블은 동두천시의 수변구역으로 재활용되고 있으며 동두천시 시민들의 삶의 질에 긍정적인 영향을 미치고 있다는 평가를 받고 있다.

반환 기지와 활용계획

시 · 도		반환 기지명	활용계획	
			면적(㎡)	주용도
부산		캠프 하야리아	534,000	공원
대구		캠프 워커	77,000	공원, 공공청사
인천		캠프 마켓	440,000	공원, 공공청사
경기	의정부	캠프 라과디아	211,799	도로, 공원
		캠프 에세이욘	221,000	레포츠공원, 문화회관
		캠프 시어즈	261,617	광역행정타운
		캠프 카일		
		캠프 레드크라우드	639,600	교육연구도시 개발
		캠프 스탠리	828,200	종합대학, 체육공원
		캠프 잭슨	81,900	근린공원
		캠프 홀링워터	49,454	공원
	동두천	캠프 모빌(헬리포트)	170,700	근린공원, 유통상업단지
		캠프 님블	48,000	근린공원, 복합단지
		캠프 님블	48,000	근린공원, 복합단지
		캠프 케이시	6,790,000	지원도시, 평화기념공원
		캠프 호비		
		갬프 캐슬	286,800	근린공원, 산업클러스터
		짐볼스 훈련장	5,710,000	골프장, 체육복합리조트
	파주	캠프 자이언트	93,370	대학
		캠프 에드워드	239,175	교육연구
		캠프 게리오웬	289,600	주변도시개발
		캠프 스탠톤	238,000	교육연구복합단지
		캠프 하우즈	614,000	공원
	하남	캠프 콜번	251,400	교육연구
	화성	매향리 쿠니사격장	949,000	평화생태공원
강원	춘천	캠프 페이지	673,000	공원, 복합단지

출처: 행정안전부(2010)

민간주도사례: First Church of Christ Scientist 재활용 플랜

민간주도 브라운필드 재활용 플랜의 예로 소개할 플랜은 미국 오하이오 주 클리블랜드 시에 위치한 First Church of Christ Scientist의 재활용 플랜이다.

이 건물의 역사를 간략히 소개하면 1931년에 건축이 완공되었고 1990년까지 종교의식이 행해지는 건물로 활용되었다. 재활용 플랜이 수립되기 직전에는 크리스천 사이언스 교단의 교회 건물로 활용되고 있었지만 신도 수의 급감으로 문을 닫고 1990부터 1995년까지 클리블랜드 오케스트라단의 공연장으로 활용되었다. 이후 오케스트라단의 주 공연장이 신축됨에 따라 2002년까지 아무도 사용하지 않는 버려진 공간으로 남아있었다.

이 교회 건물의 재활용 플랜을 수립한 곳은 신생 벤처 기업인 노팅엄 스퍼크(Nottingham Spirk)였다. 러스트 벨트에 위치하고 있는 클리블랜드는 자동차 관련 제조업의 쇠퇴로 다량의 브라운필드가 도시 내에 위치하고 있었으며, 실업률의 급증과 범죄, 환경오염 등의 사회문제 발생으로 도시 전체가 쇠퇴하고 있었다. 2000년대 초반 클리블랜드의 인구 감소율은 미국 내 대도시 중 2위를 기록할 정도로 도시의 쇠퇴가 빠르게 진행된 것이다.

이에 클리블랜드 시 당국은 새로운 활로를 모색할 필요가 있었고 그 중 하나가 도시를 생명공학과 의학의 도시로 발전시키고자 하는 것이었다. 클리블랜드 클리닉이라는 미국 내에서 상위권의 종합병원이 위치하고 있었고 도시 내의 대학 병원의 연계 시스템도 우수한 것으로 평가받고 있었기 때문이다. 이런 청사진에 부합하는 신생 벤처 기업이 바로 노팅엄 스퍼크였다. 이 벤처 기업은 첨단 의료기기의 연구와 개발(Research & Development) 전문 회사로서 도시의 부활을 위한 청사진과 일치하는 사업 목표를 가지고 있었다.

하지만 도시의 쇠퇴로 재정적인 어려움을 겪고 있었던 클리블랜드의 재정 지원을 크게 기대하기는 어려웠다. 이에 노팅엄 스퍼크 측에서는 연방 정부의 재정 지원 제도를 최대한 이용하였다. 연방정부로부터 환경정화를 위해 $500,000을 지원(Brownfield Redevelopment Fund)받았고 전체 내부 공사비용의 약 20%를 연방정부의 세액공제 제도를 통해 보상받았다.

노팅엄 스퍼크는 대표적인 민간 주도의 브라운필드 재활용 플랜 중 하나이다. 건물 재활용을 위한 공사비용이 절대적으로 부족했던 회사 측에서는 연방정부의 제도를 충분히 활용하여 공사를 마쳤으며 지금은 클리블랜드가 자랑하는 벤처기업으로서 성장하는 중이다. 교회 건물이므로 오염정도는 크지 않았던 것으로 추정된다. 환경영향평가 결과, 건물의 건축이 오래전에 이루어졌던 만큼 석면 등의 자재가 일부 사용되었고 식당으로 쓰였던 공간 등에서 오염정화의 필요성이 제기되었다. 이에 벤처 기업의 운영진은 먼저 연방정부의 환경정화 재정 지원 프로그램을 활용하여 오염물질을 먼저 제거

First Church of Christ Scientist 전경

노팅엄 스퍼크의 전경이다. 전형적인 원형의 종교 건물로서 매우 아름다운 외관을 자랑한다. 이 건물은 1978년에 미국의 역사 보존 장소(national register of historic place)로 지정된 바 있다.

사진출처: 구글 맵

교회의 내부-노팅엄 스퍼크

종교의식을 행하던 장소가 사무 공간으로 바뀌었다. 최대한 내부를 보존하면서 사무 공간을 바꾼 것인데 이를 위해 환경정화 작업을 거쳤다.

사진출처: http://nottinghamspirk.com

하였고, 내관을 기업의 연구와 디자인에 맞추어 재탄생시켰다. 비록 민간 주도 사례이지만 정부 정책과 효과적으로 결합할 경우 성공적인 브라운필드의 재활용 계획 수립이 가능하다는 것을 실제로 보여준 예라 할 수 있다.

참고문헌

김윤승 · 현윤정 · 최유진(2013). 지역 오염부지의 재이용 비전 및 전략. 환경정책 21(3): 1-21.

최유진(2013). 브라운필드 재활용 촉진을 위한 정책도구 연구: 미국 클리블랜드 지역의 사례를 중심으로. 도시행정학보 26(3): 219-244.

De Sousa, C. (2000). Brownfield Redevelopment versus Greenfield Development: A Private Sector Perspective on the Costs and Risks Associate with Brownfield. Journal of Environmental Planning and Management 43(6): 831-853.

Simons, R. A. (2005). When Bad Things Happen to Good Property. Washington D.C.: Environmental Law Institute.

06

치명적인 도시이미지

– 변환기 도시의 이미지 재창출 전략

치명적인 도시이미지

변환기 도시의 이미지 재창출 전략

: 도시이미지란?

이미지란 현실 세계의 모든 사건과 사물들에 대해 개인이 포착하고 저장한 주관적 지식(subjective knowledge)이다. 이미지에 관한 이러한 정의에 키워드가 있다면 아마 '개인'과 '주관'일 것이다. 같은 사건과 사물이라 하더라도 사람에 따라 다른 이미지로 포착하고 저장할 수 있다.

또한 이미지란 환경에 대해 즉시 느낀 감각, 과거의 경험으로 생긴 기억의 산물로도 정의할 수 있다. 이미지는 우리의 오감(五感)을 통해 형성되는데 상당히 짧은 시간에도 형성될 수 있으며, 실체라기보다 기억의 산물일 경우가 많다는 의미이다.

도시 역시 특정한 이미지가 형성되는가? 물론 대답은 '그렇다'이다. 도시이미지(urban image)란 도시를 대표하는 특정한 이미지를 말하는데 정책적으로 형성될 수도 있고, 도시민의 노력으로 만들어질 수도 있다.

때로 도시이미지는 도시의 기능과 연관되어 형성된다. 도시의 주된 기능이 행정인지, 2차 산업 혹은 3차 산업인지, 대학과 연구 단지가 많이 분포하여 교육기능으로 특화

영화 '살인의 추억' 포스터

영화 '살인의 추억'은 화성 연쇄 살인 사건이 모티브가 되었다. 지금은 잊혀진 사건이 되었지만 긴 시간 동안 화성을 괴롭혀온 부정적인 사건이었다. 지금은 신도시 개발과 도시정부의 자체적인 노력으로 부정적인 이미지가 회복되었다.

되어 있는지 등에 따라 도시의 이미지는 많이 달라질 수도 있다. 물론 도시 안에서 발생한 사건이 도시의 이미지를 바꿔 놓을 수도 있다. 도시 안에서 연쇄 살인 사건이 발생하였다면 도시의 이미지는 부정적으로 각인될 것이다. 물론 반대의 경우도 가능하다.

도시이미지의 중요성

개인이나 조직, 공동체, 도시정부나 국가 모두 특정한 이미지로 각인될 수 있다. 개인적인 이미지조차 한번 형성되면 이를 다른 이미지로 바꾸는 것이 매우 어렵다. 도시 역시 마찬가지이다. 도시이미지는 다음과 같은 점에서 매우 중요한 의미를 지닌다.

우선 긍정적인 도시이미지는 도시민의 애향심을 고취한다. 긍정적인 도시이미지는

I Love New York 로고

'I Love New York' 운동의 상징과도 같은 아이러브뉴욕 로고이다. 이 로고 자체로 상당한 경제적 부가가치를 창출하고 있다.

도시민이 그 도시를 떠나지 않고 더욱 오래 거주하게 되는 가장 중요한 이유 중 하나이다. 좋은 예로서 미국 뉴욕의 'I Love New York' 운동을 들 수 있다. 영화 대부의 배경이 되었던 도시로서 뉴욕은 매우 위험하고 더러운 도시의 대명사 격이었다. 하지만 'I Love New York' 운동의 전개 이후, 뉴욕 시민들은 뉴욕을 사랑한다고 말하고 뉴욕에 오래 거주하는 것이 꿈이라고 말하고 있다.[1]

그 다음으로 긍정적인 도시이미지는 외부 관광객을 유치하는 데 기여하고 새로운 이주민의 이주 결정에 영향을 미침으로써 지역경제 활성화에 좋은 영향을 미친다. 물론 부정적인 이미지는 외부 관광객과 이주민의 이주 결정에 좋지 않은 영향을 미친다. 관광객은 관광의 속성상 부정적인 이미지가 있는 장소의 방문을 꺼릴 뿐만 아니라 도시

영화 '곡성' 포스터

스릴러 장르를 좋아하는 필자는 영화 '곡성'을 매우 흥미롭게 시청한 바 있다. 하지만 특정 도시가 연상되는 제목으로 인해 부정적 이미지가 쌓이지는 않을까 걱정도 되었다. 악마가 등장하는 영화의 성격상 다른 한류 영화나 드라마처럼 곡성이 가보고 싶은 장소가 되는 것이 아니라 오히려 꺼려지는 장소가 될 수도 있다는 생각이 들었다. 문화 콘텐츠가 도시의 부정적인 이미지를 창출할 수도 있으므로 주의를 기울일 필요가 있다.

1 출처: KBS 스페셜, '도시를 브랜드하라, I NY 이야기' 중.

민들 역시 이러한 장소로의 이주를 꺼릴 수밖에 없다. 이미지로 인해 도시경제가 영향을 받는 상황은 자주 일어난다.

또한, 도시이미지는 도시의 변환기에 있어 매우 중요한 정책적 수단이 된다. 도시는 생성되는 순간부터 끊임없이 변화하며 <생성－성장－정점－쇠퇴>의 사이클을 거치는데, 쇠퇴하는 도시의 재생을 위해 도시이미지를 새롭게 생성하는 작업은 매우 중요하다. 변환기에 있는 도시의 경우 이미지를 잘 형성한다면 큰 규모의 공공투자도 달성하기 힘든 효과를 만들어 낼 수 있다. 도시의 새로운 이미지를 먼저 구축하면, 새로운 산업이나 새로운 인구를 유입하는 데 큰 역할을 할 수 있다.

새로운 도시이미지의 창출 단계

허스타인과 제프(Herstein & Jaffe, 2008)의 도시이미지 창출 단계

다음의 그림은 허스타인과 제프(2008)가 제시한 새로운 도시이미지의 창출 단계를 도식화한 것이다. 가장 먼저 선행되어야 할 단계는 도시의 '진단' 단계이며, '비전 설정', '이미지 디자인', '이미지 동화' 등의 단계를 거쳐 '통제' 단계로 도시이미지의 창출은 마무리된다.

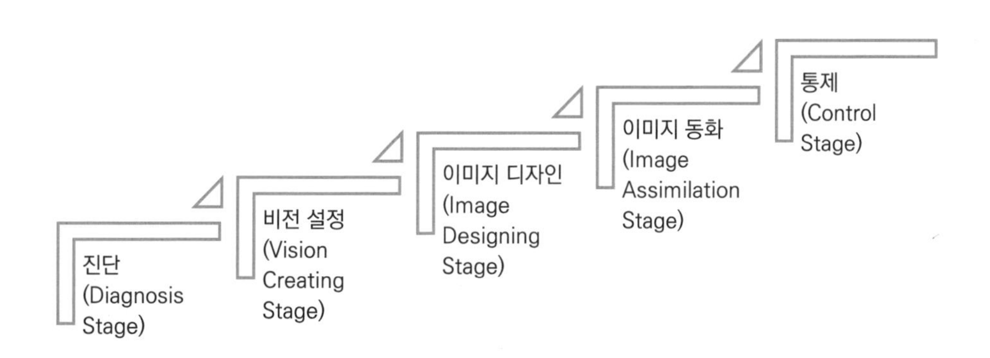

〈Herstein & Jaffe의 도시이미지 창출 단계〉

도시의 진단(Diagnosis Stage)

현재 도시가 처한 상황을 적절히 기술하고 분석하는 단계이다. 도시의 쇠퇴 원인은 무엇인지, 인구의 구조와 산업의 구조가 어떻게 변화하고 있는지 등에 관해 분석한다.

정확한 진단을 위해 통계 자료를 취합하여 분석하며 도시민에게 설문을 시행하여 결과를 분석하기도 한다. 도시의 하드웨어라고 할 수 있는 공간 구조나 경관의 보존 상태 등을 조사하기도 하고 행정 제도와 정책 등을 분석하여 도시가 새로운 이미지를 창출하는 데 걸림돌로 작용하는 도시정부의 원인은 무엇인지를 분석한다.

도시의 이미지를 새롭게 창출하기 위한 첫 단계인 진단 단계에서 가장 중요한 점은 미래 바람직한 도시의 모습에 대비하여 현재 우리 도시의 모습을 정확하고 솔직하게 그려보는 점이다.

비전의 설정(Vision Creating Stage)

도시의 비전은 도시가 지향해야 할 미래 가치를 중심으로 설정하게 된다. 미래 가치란 단순히 구호로 그칠 것이 아니다. 도시정부가 새롭게 추진하는 정책이나 도시민의 생활 모습 등과 깊은 관련이 있기 때문이다. 따라서 미래 가치를 중심으로 비전을 설정할 때 도시민의 동의와 이해가 선행되어야 한다.

비전을 설정하는 방법은 매우 다양하다. 경쟁도시의 설정 방법을 벤치마킹하거나 선거를 통해 정당성을 확보하는 방법도 있다. 가장 자주 쓰이는 방법은 도시민에게 비전에 대해 공모를 하거나 먼저 도시정부의 정책 결정자가 비전을 공포한 후 도시민에게 이를 홍보하고 동의를 구하는 것이다.

고양시의 비전

고양시는 비전과 '시정 방침'을 같은 의미로 쓰고 있다. 민선 시장의 선거를 통해 도시 비전의 정당성을 확보한 것으로 보인다. 경기도 북부에 위치한 도시답게 고양시는 안전과 평화통일 등을 키워드로 하여 비전을 구성하였다.

이미지 디자인(Image Designing Stage)

비전의 설정이 성공적으로 끝나면 이를 확산시키기 위한 노력이 필요하다. 이 단계가 바로 이미지 디자인 단계이다. 비전을 설정하는 과정에서 비전과 관련한 다양한 아이디어와 키워드(keyword)가 쏟아져 나오기 마련이다. 이를 적절히 디자인하여 도시민과 도시 외부에 비전을 확산시킬 필요가 있다.

비전을 한 눈으로 확인할 수 있는 로고(logo)를 만들어 도시 곳곳에 게시하기도 하고 캐치프레이즈(catch phrase)[2]를 신징하여 도시민의 마음을 하나로 모은다.

공공구조물을 도시 곳곳에 설치하여 도시정부가 전체적으로 전달하고자 하는 이미지를 곳곳에 담기도 한다. 이러한 과정을 통해 도시민은 도시가 지니고 있는 속성에 대해 더 깊은 이해를 할 수 있으며 이미지 디자인이 긍정적으로 작용할 경우 도시민의 화합에 좋은 영향을 미칠 수 있다.

이미지 동화(Image Assimilation Stage)

이미지 동화란 도시의 내부 구조를 새롭게 창출된 비전에 부합하게 재설계하는 작업을 의미한다. 여기에서 도시의 내부 구조는 산업의 구조, 인구의 구조, 도시의 경관, 도시의 정책 등을 모두 포괄한다.

이 단계는 원하는 이미지를 설정한 후 도시정부가 새롭게 창출하고자 하는 이미지에 맞는 정책을 형성하고, 도시의 경관과 산업 및 인구의 구조 역시 조정해야 할 뿐만 아니라 도시민 역시 그 방향에 맞는 생활 방식을 유지하는 단계이기도 하다.

도시이미지의 재창출에 있어 이 단계가 바로 핵심적인 단계라 할 수 있다. 누구든지 자신의 이미지를 포장하기는 매우 쉽다. 하지만 자신이 원하는 이미지대로 살아가는 것은 쉬운 일이 아니다. 도시정부를 구성하는 모든 주체의 총체적인 노력이 필요한 단계이기도 하다.

이미지 통제(Image Control Stage)

이미지 통제란 동화 작업을 거친 후, 이질적인 이미지가 들어오지 못하도록 규제하는 것을 의미한다. 이미지 동화가 도시이미지 재창출에 있어 핵심적인 단계라면 이미지

2 주목을 끌 수 있는 기발한 문구나 짧은 문장이다. 표어로 번역할 수도 있지만 어감 상 이 책에서는 캐치프레이즈란 외래어를 쓴다. 슬로건(slogan)도 캐치프레이즈와 비슷한 의미를 담고 있지만, 슬로건은 조금 더 강력한 주장을 담고 있는데 반하여 캐치프레이즈는 생각이나 가치관 등 홍보를 위한 추상적인 문구를 담고 있다.

통제 단계는 마무리 단계로서, 반드시 도시정부가 극복해야 하는 단계이기도 하다.

어떤 한 개인이 자신의 기존 이미지를 벗어던지고 새로운 이미지를 만들고자 한다면 새롭게 설정한 이미지대로 살아가는 것도 중요하지만 과거 자신의 나쁜 이미지를 형성했던 습관이나 말투 등이 다시 나올 때 이를 적절히 극복하는 것도 중요하다. 이와 마찬가지로 도시정부 역시 과거 이미지가 현재 도시를 괴롭히지 않도록 적절히 통제할 필요가 있다.

설사 긍정의 이미지라고 할지라도 현재의 이미지와 상반되는 이미지는 때로 부정적인 효과를 발생시킬 수도 있다. 예를 들어, 어떤 도시가 4차 산업 중심지로 자리매김하고자 관련 이미지를 설정하고 다양한 정책적 시도를 하는 중이라고 가정하자. 그런데, 공장이 입지하고자 도시정부와 접촉을 한다면 도시정부는 과감하게 이를 거절할 필요가 있다. 비록 새로운 공장지대가 도시정부 내에 일자리를 제공할 수는 있겠지만 도시정부가 새롭게 창출하려는 이미지와 반하는 이미지가 도시 내에 형성된다면 도시정부가 추진하는 다양한 정책적 시도의 효과가 반감되거나 오히려 역효과를 낼 수도 있기 때문이다.

로고이야기

로고 활용의 이유

로고(logo)의 사전적 정의는 '회사나 제품의 이름이 독특하게 드러나도록 만들어, 상표처럼 사용되는 글자체(두산대백과사전)'이다. 특정한 목적을 위해 만들어진 조직체라면 그 조직체의 정체성이 드러나는 로고를 제작하여 활용하기 마련이다. 특히 제품을 생산하는 기업체에 있어 로고는 매우 중요하다. 1차적으로 일반 소비자가 로고를 보면 그 로고를 사용하는 기업이 생각나며, 이는 2차적으로 해당 제품의 수요자에게 제품 구매 욕구를 불러일으킨다.

최근에는 도시정부 역시 로고[3]를 매력적으로 제작하여 도시민뿐만 아니라 도시 외부의 관광객이나 주민에게 도시를 어필하고 있다. 도시정부가 매력적인 로고를 제작하

3 도시정부에 따라 심볼마크, CI(corporate identity) 등으로 지칭하고 있으나 심볼마크는 영어권에서 실제 활용되고 있는 단어는 아니라는 점에서 CI는 기업의 홍보 수단으로서의 이미지를 지칭한다는 점에서 모두 적절한 표현은 아니라고 본다. 가장 흔히 활용되는 외래어로서 도시정부 로고(governmental logo)로 지칭하는 것이 가장 자연스럽다. 따라서 이 책에서는 그냥 '로고'라고 한다.

나이키의 로고

이 로고는 유명 브랜드 나이키의 로고이다. 이 로고를 보면 누구나 나이키를 바로 떠올릴 수 있다. 이는 로고의 1차적인 효과이다.

에어조던 31

로고를 보면 2차적으로 기업의 제품이 떠오른다. 나이키 로고를 보면 농구화를 구매하려는 소비자에게 에어 조던이 떠오를 수 있다. 이는 로고의 2차적 혹은 최종적인 효과라 할 수 있다.

사진출처: 나이키

고자 하는 이유는 첫째, 지방자치단체의 주요 자원을 홍보하기 위한 수단으로 로고를 활용하기 위함이며 둘째, 지방자치단체가 가지고 있는 기존의 이미지를 개선하거나 완전히 새로운 이미지로 재창출하고자 함이다.

다음의 로고는 각각 영덕군의 로고와 나주시의 로고이다. 두 도시정부의 대표적인 특산품은 영덕게와 나주배인데 이를 중심으로 도시가 원하는 이미지를 로고 안에 형상화한 것을 볼 수 있다.

영덕군의 로고

이 로고는 영덕군의 로고이다. 영덕군하면 떠오르는 것이 '영덕게'이다. 영덕게를 중심으로 로고를 구성하였는데 붉은색의 이미지는 떠오르는 태양의 강렬함을, 파란색과 녹색이 이미지는 청정한 자연을 형상화한 것으로 볼 수 있다.

사진출처: 영덕군 홈페이지

나주시의 로고

이 로고는 나주시의 로고이다. 나주시 특산품인 배를 형상화한 나이테가 그려져 있는데 나이테는 나주시의 역사성을 나타낸 것이라 할 수 있다. 배 아래의 파란색의 이미지는 영산강을 나타낸 것이다.

사진출처: 나주시 홈페이지

다음의 그림 중 첫 번째 로고는 1980년도에 채택되어 1995년까지 활용된 태백시의 로고이며 두 번째 로고는 1995년에 채택되어 현재까지 활용되고 있는 태백시의 로고이다. 1990년대 초반까지 태백시의 지역경제는 광산업으로 인해 활황이었다. 하지만 석탄을 수입하는 것이 우리나라 내에서 채굴하는 것보다 훨씬 저렴해지자 전국의 광업은 소멸의 길을 걷게 되었다.

한때 광업이 지역의 자랑이었으나 현재는 오염으로 인해 살기 어려운 지역이라는 인식도 적지 않은 것이 사실이다. 이러한 부정적 이미지를 긍정적인 이미지로 바꾸고자 태백시에서는 로고를 교체하고 새로운 비전을 선포하였다. 새로운 로고는 태백산과 태백산의 주목, 한강의 발원 등을 담고 있다. 자연 친화적인 도시의 이미지를 창출하고자 함이며 관광 도시로서의 면모를 보여주고 싶었던 것으로 추정할 수 있다.

1980~1995년 태백시 로고

이 로고는 태백시가 1995년까지 활용한 로고이다. 언뜻 봐서 이해하기 어렵지만 가운데 붉은색 원이 광구(광산의 입구)를 의미한다. 태백시는 광업으로 지역경제가 호황이었던 적이 있었다.

사진출처: 태백시 통계연보

현재 태백시의 로고

이 로고는 지금 현재 태백시가 활용하고 있는 로고이다. 중심이 되는 것은 태백시의 태백산, 함백산, 연화산 등의 자연환경이다.

사진출처: 태백시 홈페이지

도시정부 로고의 유형

우리나라 도시정부의 로고는 크게 '자연 중심 로고', '역사 중심 로고', '가치 중심 로고' 등으로 구분할 수 있다. 자연 중심 로고는 도시의 자연, 경관, 좋은 환경을 소재로 로고를 제작하여, 도시가 친환경적임을 홍보하고 자연을 구매하고자 하는 관광객(혹은 잠재적 주민)을 유인하는 것이 목적이라 할 수 있다. 산, 바다, 해, 강, 특산품 등이 중심이 되는 소재이다(Choi, 2012).

역사 중심 로고는 도시의 역사성, 문화 등을 소재로 로고를 제작하여, 도시의 문화적, 역사적 우수성을 홍보하고 이를 구매하고자 하는 관광객(혹은 잠재적 주민)을 유인하는 것이 목적이라 할 수 있다. 지역의 문화재와 문화유산, 전설이나 민담, 역사 등이 주

사진출처: 의왕시 홈페이지

의왕시 로고

의왕시는 태백시와 함께 산의 이름을 도시정부 이름으로 정하였다. 의왕산을 로고의 주요 이미지로 활용하였으며 태양과 하트 이미지 역시 활용하여 가치적인 측면을 부각하려 하였다. 비록 가치적인 측면이 삽입되어 있더라도 이 로고는 자연을 중심으로 로고를 구성한 대표적인 예라 할 수 있다.

사진출처: 수원시 홈페이지

수원시 로고

수원시는 도시의 대표적인 역사 유물인 수원화성을 중심으로 로고를 제작하였다. 과거로부터 이어진 전통이 자연 친화적인 미래로 이어지고 있으며 화성으로부터 이어진 띠가 수원의 s와 w를 형상화한 것이 매우 인상 깊다.

사진출처: 안양시 홈페이지

안양시 로고

안양시의 로고는 자연이나 역사를 형상화한 것이 아니다. 교통이 발달한 도시답게 사방으로 이어진 교통망은 경제적으로 활기찬 도시를 형상화하고 있으며 원을 중심으로 로고를 제작함으로써 화합의 이미지를 극대화하려 한 것으로 보인다.

요 소재이다.

가치 중심 로고는 도시가 추구하는 가치를 소재로 로고를 제작하여 도시가 추구하는 가치로 도시의 이미지를 어필하는 것이 목적이다. 화합, 사랑, 발전, 미래, 기업가 정신 등을 로고에 담아 도시정부가 추구하는 가치로 도시의 이미지를 형상화한다.

도시정부 로고의 선택 기준

도시정부는 로고를 선택함에 있어 도시가 지니고 있는 자산을 우선 고려할 필요가 있다. 도시의 경쟁력과 상관없는 로고를 작성하여 활용한다면 지역 안의 도시민뿐만 아니라 외부인 역시 이를 이해하기 힘들다. 오히려 배신감도 느낄 수 있으므로 역효과가 발생할 수 있다. 또한, 로고는 미래지향적일 필요가 있다. 도시가 추구하는 가치와 미래 비전과 일치하는 로고를 작성하여 도시민의 화합과 통합에 기여하도록 해야 한다.

로고는 제작 과정에서 지역주민들의 의사가 충분히 반영되어야 한다. 만약 도시민의 의사를 확인하는 과정이 없이 로고를 만들어 배포하게 되면 오히려 도시민의 사기를 꺾을 수 있다. 그리고 도시정부의 로고는 이해하기 쉬워야 하며 어디에서나 활용할 수 있도록 간단해야 한다. 복잡한 로고 이미지는 사용에 큰 제약이 따를 수 있다. 예를 들어, 볼펜과 같이 작은 제품에 복잡한 도시정부의 로고를 그려 넣으면 전혀 알아보지 못하는 상황이 발생할 수도 있다. 하지만 그럼에도 불구하고 도시로고는 충분히 예뻐야 한다. 심미적 가치를 높여야 도시민의 마음 역시 이끌어 낼 수 있기 때문이다.

참고문헌

Choi, E. (2012). Urban Amenities as Determinants of Selecting a Logo Type in Korea: the Multinomial Logit Approach with the Boostrap Sample. Quality and Quantity 46(1): 391-404.

Herstein, R. and Jaffe, E. D. (2008). Sport Hospitality as a Business Strategy. Journal of Business Strategy 29(6): 36-43.

07

삶의 질을 높이는 방법

— 어메니티 중심의 도시행정

삶의 질을 높이는 방법

어메니티 중심의 도시행정

삶의 질이란?

도시 안에 사는 우리는 모두 행복하기를 원한다. 의도적으로 불행하고자 하는 사람은 없으며 행복을 추구하는 방법 자체는 다를 수 있어도 우리의 궁극적 목표는 행복한 삶을 사는 것이다.

이 책은 도시행정의 주요 이슈를 다룬다고 할 수 있다. 도시행정은 단순히 도시를 건설하고 이를 유지, 발전시키는 것에 머무르는 학문이 아니다. 도시 안에 거주하는 사람과 그들이 형성한 공동체에 관심을 가지는 학문 영역이라 할 수 있다. 따라서 도시행정의 속성상 도시민의 '행복'은 매우 중요한 학문적 주제가 아닐 수 없다.

도시행정에서 행복은 주로 '삶의 질(quality of life)'이라는 단어로 표현된다. 삶의 질을 이해하기 위해 다음의 그림을 보자. 삶의 질은 '자신의 삶에 대한 객관적인 수준뿐만 아니라 주관적인 인식과 평가에 의한 만족의 정도'를 의미한다. 다시 말해 도시민의 행복, 즉 삶의 질은 '객관적인 삶의 수준'과 자신의 삶에 대한 '주관적 평가'로 구성된다고 할 수 있다.

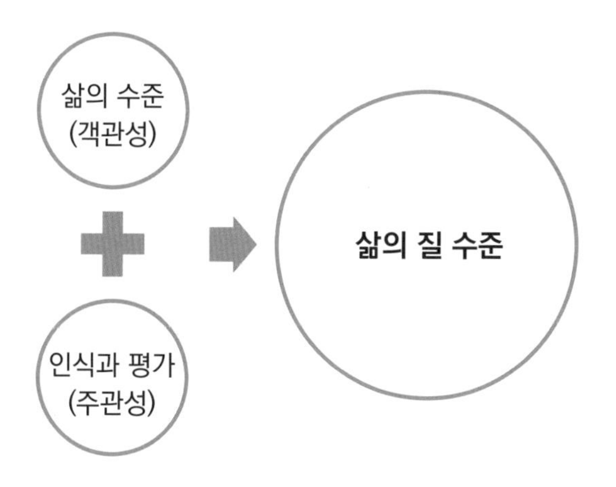

객관적인 삶의 수준은 주거비, 교통비 등 물가적인 요소와 위생상태, 주거상태 등의 전반적인 도시 하드웨어와 관련이 깊으나 주관적인 인식과 평가는 친구 관계나 가족 관계, 자존감 등을 포함한다고 할 수 있다. 자세한 지표에 관한 논의는 바로 이어서 설명하고자 한다.

삶의 질을 측정하는 방법

머서(Mercer)와 넘비오(Numbeo)의 지표

국가와 도시에 초점을 맞추어 삶의 질을 측정해온 대표적인 기관이 머서[1]와 넘비오[2]이다. 머서는 기업의 인재채용, 성과관리, 교육 훈련 프로그램 개발 등을 자문하는 글로벌 기업이며 넘비오는 자체적으로 세계 각 도시의 삶의 질 지표를 개발하여 데이터베이스를 구축한 웹사이트이다.

두 기관의 지표는 유사한 측면이 많이 존재하는데 먼저 머서는 10개의 지표 범주 안에서 39개의 항목으로 삶의 질을 평가한다. 10개의 지표 범주는 다음과 같다.

1 머서에 관한 내용은 주로 https://www.mercer.co.kr에서 인용하였음.
2 넘비오에 관한 내용은 주로 https://www.numbeo.com에서 인용하였음.

- 정치 및 사회적 환경(정치적 안정성, 범죄율, 법 집행 등)
- 경제적 여건(환전, 은행 서비스)
- 사회문화적 환경(제공 미디어, 검열, 개인 자유의 제한)
- 의료 및 위생 여건(의료 공급 및 서비스, 전염병, 하수 처리, 폐기물 처리, 대기 오염 등)
- 학교 및 교육(외국인 주재원 자녀가 다닐 수 있는 외국인 학교 수준)
- 공공 서비스 및 교통 시스템(전기, 수돗물, 대중교통, 교통 체증 등)
- 여가 시설(식당, 극장, 영화관, 스포츠 및 레저 시설 등)
- 소비자 상품(식품 및 생활용품, 자동차 등)
- 주택(주택 임대, 가전제품, 가구, 유지관리 서비스 등)
- 자연 환경(기후, 자연 재해)

출처: https://www.mercer.co.kr

머서의 지표는 세계의 각 기업 주재원들이 해당 도시에 거주할 경우를 가정하여 삶의 질과 생활환경을 측정하였다. 따라서 해당 도시에 오랫동안 거주하고 있는 도시민에게 큰 의미가 없는 지표도 있다는 점이 특징이다. 예를 들어, 경제적 여건의 평가 항목에 '환전'이 포함되어 있으며, 학교 및 교육의 평가 항목에 '외국인 주재원 자녀가 다닐 수 있는 외국인 학교 수준'이 포함되어 있다. 대체로 주재원이 해당 도시에 거주할 경우 받을 수 있는 서비스의 수준에 초점이 맞추어져 있다.

반면 넘비오는 조금 더 포괄적이지만 해당 도시에 살아가고 있는 도시민의 삶의 질을 측정할 수 있는 지표를 제공하고 있다고 할 수 있다. 넘비오 지표는 다음과 같다.

- 구매력 지표(purchasing power index)
- 안전성 지표(safety index)
- 의료 서비스 지표(health care index)
- 소비자 가격 지표(consumer price index)
- 소득 대비 주택의 가격(property price to income ratio)
- 교통 상황 지표(traffic commute index)
- 인구 지표(population index)

넘비오의 지표를 살펴보면, 교통의 체증 여부와 인구의 집중 여부 등을 평가함으로써 실제 거주자의 생활여건에 더욱 초점을 맞춘 것을 알 수 있다. 그런데 머서나 넘비오 모두 객관적인 조건에 초점을 맞추어 도시의 평균적 삶을 추정해 본 방식을 채택했다고 할 수 있다. 해당 도시의 도시민을 전수조사하거나 표본을 추출하여 분석하는 설문 방식을 채택하는 데에는 막대한 비용이 들기 때문으로 풀이된다.

EQ-5D 지표

이번에 소개할 삶의 질 지표인 EQ-5D는 머서 혹은 넘비오의 지표와는 달리 객관적인 삶의 수준보다 도시민의 주관적 인식과 평가에 초점을 맞춘 지표라 할 수 있다. 사실 EQ-5D는 개인이 느끼는 주관적 건강 상태를 측정하기 위해 개발된 지표라 할 수 있다. 자기 기입 방식으로 기입함으로써 객관적인 삶의 수준보다 주관적 평가에 더욱 초점을 맞추고 있으며 이는 '행복'이라는 감성에 더욱 충실한 삶의 질 평가 방법이라 할 수 있다.

EQ-5D는 EuroQol 그룹에서 개발한 일반적 HRQOL 측정도구로 '운동능력', '자기관리', '일상 활동', '통증/불편', '불안/우울'의 5개 차원에 대해서 리커트 척도(Likert scale)[3]로 대답하도록 구성되어 있다.[4] 우리나라의 경우 2005년 국민건강영양조사부터 EQ-5D의 표본 조사를 하고 있다.

삶의 질이 높은 도시

세계 도시의 삶의 질을 평가하는 머서와 넘비오의 결과는 크게 다르지 않다. 2017년 머서의 발표를 보면, 빈(오스트리아)이 8년 연속 세계에서 가장 객관적인 삶의 질 수준이 높은 도시로 선정되었으며 2위는 취리히(스위스), 3위는 오클랜드(뉴질랜드), 4위는 뮌헨(독일)이 차지했다. 5위는 북미에서 가장 생활환경 수준이 높다고 평가되는 밴쿠버였다. 아시아에서는 싱가포르(25위), 남미에서는 몬테비데오(79위), 중동 · 아프리카에서는 두바이(74위)가 대륙별로 가장 높은 순위를 차지했다. 한국 도시 중 서울과 부산은 각각 76위와 92위에 올랐다(출처: https://www.mercer.co.kr).

다음의 지도는 우리나라 기초지방자치단체의 EQ-5D(2015년 기준)의 평균 점수를 지도에 표시한 것이다. 이 지도로 공간적 특징을 쉽게 파악하기는 어렵다. 도시화가 많이 진행되지 않은 지역이라고 반드시 EQ-5D가 낮은 것은 아님을 알 수 있다. 반대로 개발이 고도로 진행된 도시라 하더라도 삶의 질이 아주 높은 것은 아닌 것 역시 확인이 가능하다. 삶에 대한 주관적 인식은 단순히 도시화의 정도로 파악하기는 어려운 점이

3 3단계 리커트 척도(문제 없음–다소 문제 있음–심각한 문제 있음)로 구성하기도 하며, 5단계 척도(전혀 문제 없음–문제 없음–보통–문제 있음–심각한 문제 있음)로 구성하기도 한다.
4 출처: http://euroqol.org/

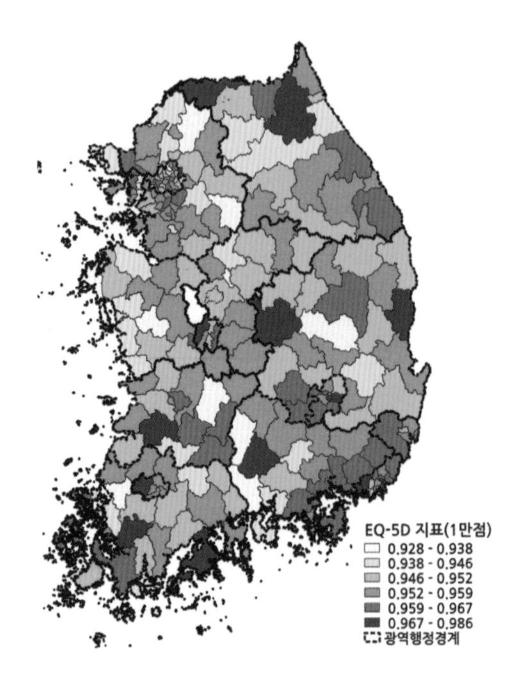

〈2015년 EQ-5D 지표의 공간적 특징〉

출처: KOSIS(지도제작: 저자)

있는 것으로 결론지을 수 있다.

다음의 표는 우리나라 기초지방자치단체 중 EQ-5D가 가장 높은 열 개의 지방자치단체를 보여주고 있다.

① 고흥군(전라남도)
② 철원군(강원도)
③ 수성구(부산)
④ 남구(대구)
⑤ 상주시(경상북도)
⑥ 유성구(대전)
⑦ 강서구(부산)
⑧ 수영구(부산)
⑨ 영덕군(경상북도)
⑩ 광산구(광주)

사실 이 결과는 매우 놀랍다. 광역시의 자치구가 5개 포함되긴 했지만 군 단위 지방자치단체도 다수 포함되었다. 특히 서울시의 자치구가 단 한 개도 포함되지 않았으며

경기도나 인천광역시 같은 수도권의 기초지방자치단체 역시 단 한 곳도 포함되지 않았다. EQ-5D의 특성이 개인의 주관적 건강 평가에 초점을 맞추었다고 할지라도 도시화가 고도로 진행된 지역의 도시민은 스스로 삶의 질이 높지 않다고 평가할 가능성이 매우 큰 것을 알 수 있다.

도시어메니티의 개념과 유형

도시어메니티란?

어메니티(amenity)는 사전적으로 생활편의시설을 의미한다. 아마 해외의 호텔을 예약해본 독자라면 호텔의 amenity를 소개한 홈페이지를 접한 적이 있을 것이다. 호텔 안의 편의 시설을 적은 목록인데 헤어 드라이기의 비치 여부, 유무선 인터넷 사용 가능 여부, 무료 주차 가능 여부 등이 기록되어 있다. 이상의 것은 모두 호텔 안에서의 삶을 조금 더 편하게 해주는 구성 요소들이다.

어메니티의 사전적 의미를 고려할 때, 도시어메니티는 도시 안의 생활편의시설이라 할 수 있다. 하지만 도시어메니티가 연구의 대상이 되면서부터 개념이 조금 더 모호해지는 경향이 있으며 구성 요소 역시 다양한 지역 자산 등을 포함하게 되었다. 먼저 이에 관한 연구자들의 정의를 살펴보자.

맥널티 등(1984)은 도시어메니티를 '역사적, 문화적, 사회적인 장소로서 도시를 더욱 매력적으로 보이게 하여 경제적 효과를 창출할 뿐 아니라 궁극적으로는 도시민의 삶의 질을 향상시킬 수 있는 잠재력을 지닌 도시의 자원'으로 개념 정의를 하고 있으며, 고트리브(1994)는 '장소에 기반을 둔 재화로서 외부로 수출하지 못하는 재화 중 도시민에게 다양한 간접적 이익을 제공하는 재화'로 정의하고 있다. 특별히 고트리브는 이 간접적 이익은 주로 심미적인 것으로서 단순히 보는 것으로부터 얻는 만족감 역시 포함된다고 지적하고 있다. 장성희(2008)는 도시어메니티를 '도시환경의 건강성(live-ability), 또는 일정한 장소에서 사람들이 가치 있다고 여기는 속성(attributes) 또는 질(quality)로서 의미를 가지는 것'으로 정의한 바가 있다.

이상의 정의를 요약하면 도시어메니티는 도시 안의 지역 자산으로서 도시민의 삶의 질에 긍정적으로 작용하는 특정한 재화 혹은 도시의 속성을 말하는 것으로 볼 수 있다.

도시어메니티의 유형과 측정 지표

도시어메니티의 유형은 학자마다 다르게 구분하지만, 저자는 다음의 그림과 같이 구분한다. 도시어메니티는 크게 세가지 특징적인 어메니티로 구분할 수 있다. 첫째는 환경어메니티(natural and scenic amenity)이며 둘째는 문화어메니티(cultural amenity), 셋째는 사회경제어메니티(socio-economic amenity)이다.[5]

환경어메니티는 객관적 지표라 할 수 있는 지역의 녹지, 산, 강 등의 환경 재화뿐만 아니라 환경에 대해 느끼는 쾌적함 정도, 지역 경관에 대한 만족감 등의 주관적 지표로 어메니티의 우수성을 측정할 수 있다. 문화어메니티는 객관적 지표인 문화재, 역사유물, 문화기반 시설, 예술인구 등으로 측정할 수 있으며 주관적 지표로서 도시민이 느끼는 지역 문화 자긍심, 예술 만족감 등으로 측정할 수 있다.

마지막 사회경제어메니티는 주로 도시의 다양성을 의미하는데, 인구의 다양성, 경제 주체의 다양성, 사회적 경제의 발전[6] 등의 객관적 지표로 측정할 수 있다. 또한, 관용이나 포용성 정도, 형평성 실현 정도, 계급 간 이동의 만족도 등 주관적 지표로도 측정할 수 있을 것이다. 사회경제어메니티는 주로 사회나 경제의 생태계에 주목한다. 인구의 구성이 획일적이거나 산업 부문 역시 소수의 대기업이 대다수의 고용을 창출한다면 도시의 사회경제적 건강성이 크지 않을 수 있다. 이는 마치 자연에 있어서 다양성이 상실되면 곧 사막화가 진행되는 원리와 같다고 할 수 있다.

5 이 구분은 Quality & Quantity(ssci)에 게재된 저자의 연구논문인 'Urban amenities as determinants of selecting a logo type in Korea: the multinomial logit approach with the bootstrap sample(2012)'을 통해 제시된 바 있다. 이를 수정하여 이 책에 제시하였다.
6 사회적 경제에 관해서는 이 책의 10장에서 자세히 다룬다.

수원의 화성행궁

화성과 같은 문화유산이 도시 안에 존재한다는 것은 큰 축복이 아닐 수 없다. 지역 주민의 문화 자긍심과 삶의 질에 긍정적으로 작용하고 있다.

행궁마을 모습

화성행궁 인근에 행궁마을을 조성하여 화성행궁 방문객의 볼거리를 하나 더 늘려 주었다.

: 도시어메니티의 효과 루프

도시어메니티는 도시 안에서 다양한 긍정적 효과를 창출한다. 도시어메니티의 효과는 매우 다양하고 다차원적이지만 이를 간략히 다음의 루프(loop)처럼 도식화해볼 수 있다.

먼저 도시어메니티를 효과적으로 조성하면 가장 먼저 지역 주민의 삶의 질이 높아진다. 삶의 질은 두 가지 측면에서 높아진다. 첫째는 활용 가치(use value)인데, 도시어메니티를 누림으로써 얻는 만족이다. 잘 조성된 공원은 도시민의 안락한 휴식처가 된다. 주말에 가족과 함께 산책을 즐기기만 해도 삶의 질은 매우 높아질 수 있다. 또한, 주말마다 도시정부가 문화공연을 개최한다면 이 역시 새로운 삶의 활력소가 될 수 있다. 비록 큰 비용을 지불하지 않더라도 삶이 즐거워질 수 있다. 둘째는 감상적 가치(sentimental value)이다. 비록 내가 도시 안의 자연을 활용하지 못하더라도 단순히 보는 것으로써 만족감을 얻을 수 있고 삶에 즐거움을 더할 수 있다. 사람은 매우 감상적인 동물이며 오감 중 시각에 가장 많이 의존하고 있다. 눈 앞에 펼쳐진 절경을 보는 것만으로도 바쁜 도시민은 켜켜이 쌓인 스트레스를 풀 수 있다.

삶의 질이 높아진 도시에는 많은 인구가 유입될 수밖에 없다. '티보(Tiebout)의 발로 하는 투표 가설'에서 말하는 것처럼 도시민은 삶의 질을 가장 높여줄 것으로 예상되는

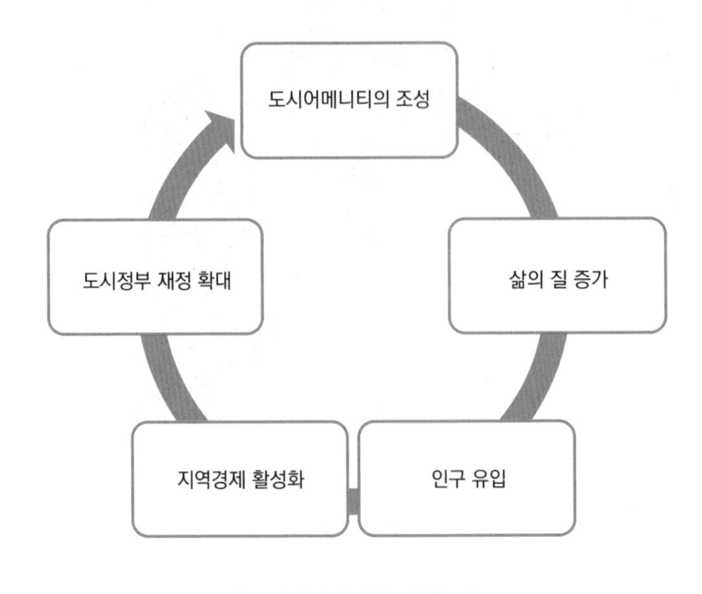

〈도시어메니티 효과 루프〉

도시로 이동함으로써 그 도시의 손을 들어준다. 우리가 살던 지역을 떠나 새로운 곳으로 이주하는 가장 큰 요인 중 하나는 '더 나은 생활환경'이다. 각자 큰 의미를 부여하는 도시어메니티가 잘 조성된 지역을 선호할 수밖에 없으며 여건이 허락한다면 그런 도시로 이주하려고 노력한다.

인구가 많이 유입되면 지역경제는 자연적으로 활성화된다. 도시의 전체적인 구매력(buying power)이 상승하기 때문이다. 먼저 자영업과 같은 소규모 비즈니스가 활성화될 것이다. 그 다음으로는 자영업에 물품을 납품하는 중소 제조업체가 활성화되며 최종적으로는 도시 전체의 산업이 살아나게 된다.

인구의 유입과 지역경제의 활성화는 곧 부동산 가격 상승으로 이어진다. 물론 부동산 가격의 상승은 다음 장에서 다룰 젠트리피케이션(gentrification)으로 인한 사회적 갈등을 발생시킬 수 있다. 하지만 부동산 가격의 상승은 도시정부에게 있어 호재인 것만은 분명하다. 도시정부의 돈주머니의 크기는 도시 안의 부동산 가격에 의해 결정되기 때문이다. 도시정부의 지방세 수입에 가장 큰 영향을 미치는 세수 중 하나가 재산세이며 이는 부동산이 가장 큰 비중을 차지한다.

부동산 가격의 상승으로 도시정부의 재정이 확대된다면 최종적으로 도시정부의 투자 역량이 강화되어 더 나은 생활환경을 조성하기 위해 도시정부가 발 벗고 나설 수 있다. 다시 말해 부족한 도시어메니티의 공급이 이루어질 수 있다는 것이다. '도시어메니티의 효과 루프'는 도시의 양적인 성장과 질적인 성장을 동시에 달성하는 지름길이다. 한번 이 루프에 올라타면 도시의 성장은 당분간 지속될 수 있다.

물론 이 루프가 깨어지고, 부정적인 루프에 도시가 빨려 들어가는 경우도 생각할 수 있는데 도시정부가 효과적인 도시어메니티의 조성에 실패하고 도시민의 삶의 질에 큰 관심이 없다면 인구는 지속적으로 빠져나갈 수밖에 없다. 이는 곧 지역 경기의 몰락으로 인한 도시정부의 투자역량 악화로 이어진다. 최종적으로 도시정부는 새로운 어메니티를 공급할 역량도 기존 어메니티를 유지할 역량도 없는 최악의 상태에 놓인다.

: 도시어메니티 중심의 행정

다음의 표는 개발중심의 도시행정과 도시어메니티 중심의 도시행정을 비교한 것이다. 먼저 각 행정이 추구하는 가치를 비교하면 도시어메니티 중심의 도시행정은 이용 가치를 추구하는 데 반하여 개발중심 도시행정은 교환 가치를 추구한다. 이용 가치의 추구는 한 마디로 이용자(user)를 최우선으로 고려하여 이용자의 편의와 편익 그리고 만족을 높이는 것이라 할 수 있다. 반면 교환 가치의 추구는 토지자산가(landlord)와 개발업자(developer) 중심의 행정을 추구하는 것으로서 도시 일부분을 개발하여 이를 새로운 이주자에게 파는 것에 중점을 두는 것이다.

<개발중심행정 vs. 도시어메니티 중심행정>

구분	개발중심 도시행정	도시어메니티 중심 도시행정
추구 가치	교환 가치(exchange value)	이용 가치(use value)
환경과 경제의 관계	갈등관계	상호 의존 관계
문화와 경제의 관계	경제가 문화를 선도	문화가 경제를 선도
계급의 분화	계급의 획일성	계급의 다양성

둘째, 개발중심의 도시행정은 환경과 경제의 관계를 갈등관계(conflict relationship)로 규정하지만 도시어메니티 중심의 도시행정은 이를 상호 의존 관계(interdependent relationship)로 규정한다. 도시경제의 발전을 위해서는 환경의 파괴는 필연적이라거나 환경이 일정 부분 양보하지 않고선 경제의 발전을 이룰 수 없다는 생각이 지배하던 시절이 있었다. 하지만 최근에는 오히려 쾌적한 자연환경이 우리의 심미적 가치를 높이고 이는 삶의 질과 직접적인 연관을 맺음으로써 인구를 증가시켜 지역경제에 이바지한다는 주장이 오히려 설득력을 얻고 있다. 물론 보존된 자연환경은 관광객 유치에도 긍정적으로 작용한다.

셋째, 개발중심의 도시행정에서는 경제가 문화부흥을 이끌어낸다고 믿고 있으나 도시어메니티 중심의 도시행정에서는 오히려 문화의 경제적 효과에 주목한다. 도시가 일정한 경제적 수준에 이르기까지 문화에 대한 투자는 사치로 여기던 시절이 있었다. 하지만 이 역시 낡은 사고라 할 수 있다. 도시정부가 문화에 대한 투자를 늘리면 당연히 관련 문화인은 그 도시로 모여든다. 문화 관련 산업이 활성화되어 일자리가 늘어날 수 있으며 무엇보다도 도시민의 문화 접근성을 높여 삶의 질에 긍정적으로 작용한다. 앞서 설명한 것처럼 이는 인구 유입을 통해 지역경제 활성화에 이바지할 수 있다.

마지막 넷째, 개발중심의 도시행정은 필연적으로 도시의 파편화를 유도한다. 하지만 도시어메니티 중심 행정은 혼합개발(mixed development)을 지향한다. 혼합개발이란 같은 구역 안에 다양한 유형의 도시민이 함께 생활할 수 있도록 개발하는 것이다. 현대 도시에서 개발이 완성되는 단계에 이르면 파편화된 도시를 쉽게 발견할 수 있다. 거의 모든 도시가 파편화된다고 해도 과언이 아니다. 현대 도시는 경제적 수준이 높은 사람들이 모여 사는 지역, 중산층이 모여 사는 지역, 경제적으로 어려운 사람들이 모여 사는 지역, 경제적 도움이 절실한 사람들이 모여 사는 지역 등이 구분된다. 심지어 도시 일부분은 슬럼으로 전락한다. 하지만 도시어메니티 중심의 행정에서는 다양한 계층이 함께 어우러져 사는 것이 무엇과도 바꿀 수 없는 비전이다. 다양성이 최우선적 가치이며 자신과 다른 종교, 성적 지향, 경제적 수준, 교육 수준, 직업인 사람들을 이해하고 존중하는 '관용'의 정신을 실천하는 것이 도시어메니티 중심의 핵심적 지향점이라 할 것이다.

: 그러나 조심해야 할 것

인구의 증가를 위해 단순히 새로운 아파트 건설에 목을 매던 시절에서 벗어나 기존 도시민의 삶의 질에 최우선적 가치를 부여하는 도시어메니티 중심의 행정은 도시개발에 있어 새로운 패러다임이라 할 수 있다. 하지만 이런 행정에서도 주의해야 할 점이 있다.

먼저 도시정부의 투자 여력 이상의 과한 투자가 이루어지지 않도록 해야 한다. 아파트를 건설하거나 새로운 상가의 입지를 도모하는 개발중심의 행정은 그 효과가 매우 즉각적이다. 하지만 도시어메니티를 활용한 지역 활성화 전략은 효과를 달성하기까지 매우 더디게 진행된다. 따라서 도시정부 입장에서는 과투자의 유혹에 빠질 우려가 있다. 재정 수준에 관한 고려가 없이 지속적으로 도시어메니티에만 투자하게 된다면 오히려 도시가 활성화되기 이전에 도시의 투자 여력을 감소하는 결과를 초래할 우려가 있다.

또한, 도시민의 의견에 귀를 기울이고 여론을 적극적으로 반영하려는 노력이 필요하다. 도시민이 원하지 않는 도시어메니티는 오히려 부정적 효과를 발생하여 도시의 흉물로 전락한다. 따라서 도시어메니티의 확대를 위해서는 공청회의 확대, 여론 조사의 시행, 전문가 참여의 보장 등 주민참여 제도를 적극적으로 이용하려는 자세가 도시정부에게 필요하다. 필요할 경우 주민투표를 실시할 수도 있을 것이다. 도시정부의 재정은 도시민의 소중한 세금으로 구성된다. 따라서 재정투자를 통한 도시어메니티 확충 과정에서 도시의 주인인 도시민의 의견을 최대한 청취하고 이들이 바라는 유형의 도시어메니티 공급에 노력한다면 삶의 질이 높아지고 궁극적으로는 지역경제에도 큰 힘이 될 것이다.

참고문헌

장성희(2010). 도시 어메니티 지표개발과정에 대한 평가와 맥락에 관한 연구-뉴질랜드 사례를 중심으로. 한국행정과 정책연구 8(2): 133-162.

Choi, E. (2012). Urban Amenity as Determinants of Selecting a Logy Type in Korea: the Multinomial Logit Approach with the Boostrap Sample. Quality and Quantity 46(1): 391-404.

Gottlieb, P. D. (1994). Amenities as an Ecoomic Development Tool: Is There Enough Evidence? Economic Development Quarterly 8(3): 270-285.

McNulty, R. H., Jacobson, D. R. and Penne, R. L. (1984). The Economics of Amenity: Community Futures and Quality of Life. Washington: Partners of Livable Places.

08

젠트리피케이션의 비극

– 우리가 고향을 떠나는 이유

젠트리피케이션의 비극

우리가 고향을 떠나는 이유

: 젠트리피케이션이란?

바로 전 장에서 삶의 질을 높이는 도시정부의 역할에 관해 고민해보았다. 도시어메니티를 도시 안에 많이 공급하면 주택 가격과 임대료가 상승한다. 바로 이 지점에서 새로운 고민거리가 탄생한다. 바로 젠트리피케이션(gentrification)의 부정적 효과이다.

한국어로 대체하기 적합한 단어조차 없는 젠트리피케이션의 사전적 정의는 '고급주택화'이다. 젠트리피케이션은 지금은 없는 불어 단어인 'genterise'을 어원으로 하는 'gentry'로부터 파생된 단어이다. 영어의 신사를 표현하는 'gentleman'도 이 단어로부터 파생되었다. 단어 'gentry'는 상류사회에 속하는 계층을 의미하며 'gentleman' 역시 상류 사회에 속한 남성, 신사를 의미한다. 이런 어원을 고려해보면, 젠트리피케이션은 '상류사회가 살기 괜찮은 도시로 변하는 현상'을 의미하는 것이다.[1]

1 젠트리피케이션의 어원에 관한 소개는 옥스퍼드 어원사전(The Oxford Dictionary of Etymology, 1966)에 근거한 위키피디아의 설명을 참고하였음.

역사상 처음으로 젠트리피케이션이란 단어를 사용한 학자는 영국의 사회학자인 루스 글래스(Ruth Glass)로 알려져 있다. 루스 글래스는 1964년 런던(London)과 이슬링턴(Islington)의 사회 현상을 연구하면서 경제적으로 중산층인 사람들이 도시 주변부의 저소득층 계층, 특히 노동자 계층을 대체하는 현상을 처음으로 젠트리피케이션이라 하였다(Atkinson and Bridge, 2005).

어원을 고려하면 젠트리피케이션은 부정적이거나 긍정적이지 않다. 하지만 우리의 도시문제를 진단하면서 사용하는 젠트리피케이션은 상당히 부정적인 의미로 다가온다.

노동자가 거주하던 지역이 정부와 대기업의 투자로 업그레이드되면 자연스럽게 그 지역의 임대료는 상승한다. 업그레이드는 새로운 도로의 건설이나 기존 도로의 정비, 오래된 아파트의 재건축, 문화와 교육 시설의 현대화와 확충 등을 포함한다.

일반적으로 도시의 업그레이드는 정부 투자가 이끈다. 정부 투자로 임대료가 상승하면 원래 그 지역에 살던 사람 중 오른 임대료를 지급할 능력이 없는 계층이 지역을 떠나는 것이다. 그들이 떠난 자리는 중산층으로 대체된다(Jennings 외, 2016). 이 현상을 'displacement'라는 단어로 표현하는데, 적절한 우리말 단어는 아마도 '비자발적 이주' 혹은 직설적으로 '쫓겨남'이 될 것 같다.

영국에서 처음 사용한 단어이지만, 이런 현상은 우리나라에서도 쉽게 접할 수 있다. 도시를 업그레이드시키는 가장 손쉬운 방법인 재건축 역시 젠트리피케이션[2]의 주범이다. 이 장에서는 젠트리피케이션의 원인을 진단하고, 정부 투자의 문제를 짚어 보려 한다. 우리가 겪고 있는 우리의 젠트리피케이션은 어떤 모습이고 어떻게 극복해 나갈 수 있을지에 대해 생각해 볼 것이다.

어쩌면 젠트리피케이션의 근본적 원인은 도시의 분화일지도 모른다. 도시가 분화되면 구도심을 재개발하고 싶은 욕망이 생긴다. 이는 곧 필연적으로 젠트리피케이션을 불러온다.

2 원래 젠트리피케이션의 부정적 효과라고 표현해야 하지만, 젠트리피케이션이라는 단어 자체가 이미 부정적 효과를 포함한 의미로 쓰이므로 이 장에서 젠트리피케이션은 부정적 효과까지 함축적으로 의미하고 있는 것으로 본다.

젠트리피케이션의 근본적 원인, 도시의 분화

도시가 파편화되는 이유

다음의 지도는 경기도에 위치한 용인시의 지도이다. 용인시는 수지구, 기흥구, 처인구 등 세 개의 행정구로 구성되어있다. 행정구는 지역의 특색에 맞는 도시정책을 형성하고 집행하도록 인구 50만 이상의 대도시에 설치할 수 있도록 한 행정단위이다. 그러나, 자치구와는 달리 지방의회를 구성하여 조례를 제정할 수는 없다.

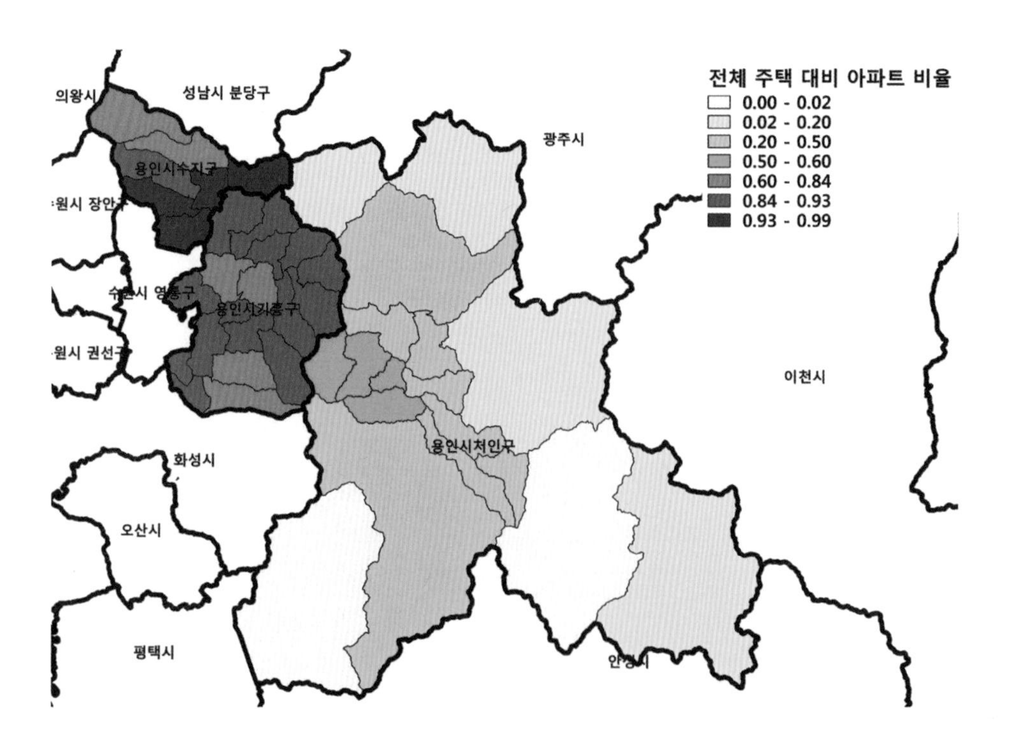

〈용인시의 전체 주택 대비 아파트 비율, 2016〉

출처: 국가통계포털(KOSIS), 지도제작: 저자

그림은 '전체 주택 대비 아파트 비율'을 동 단위로 표현한 것이다. 짙은 색일수록 아파트 비율이 높다는 의미이며 색이 옅어질수록 단독 주택의 비율이 높다는 의미이다. 이 데이터가 도시의 파편화를 정확히 설명할 수 없을지도 모른다. 하지만 최근에 우리나라의 도시를 살펴보면, 주택 공급은 곧 아파트의 건설을 의미하는 것과 다름없다. 따라서 아파트의 비율이 높을수록 비교적 최근에 건설되었으며 도시의 성장이 고도화되어 있음을 의미한다고 볼 수 있다.

이 지도를 살펴보면, 용인시를 구성하는 세 구의 특색이 매우 뚜렷함을 알 수 있다. 수지구는 성남의 분당구, 수원의 영통구 등과 인접해있으며 대부분의 지역 주민이 아파트에 거주하는 것을 확인할 수 있다. 용인시 수지구는 고도로 성장한 도시이며 많은 상업 활동도 이루어진다. 반면 처인구는 여전히 농업활동이 이루어지는 지역이며 자연 보존 상태가 우수한 곳으로서 도심지와는 거리가 멀다.

가장 눈여겨볼 만한 행정구는 바로 기흥구이다. 기흥구는 구도심으로서 용인시에서 가장 먼저 개발되었으나 최근 가장 빠르게 쇠퇴하고 있는 지역이다. 수지구와 기흥구 모두 인구가 급격히 증가하였으나 수지구와는 달리 최근 기흥구의 인구는 줄어들고 있다.

이렇게 도시의 파편화가 진행되고 있다. 도시의 파편화란 하나의 도시 안의 공간이 서로 조각처럼 나누어지는 것을 의미하는데 주거지가 소득 수준에 따라 분리되거나 인종에 따라 분리되기도 한다. 물론 종교에 의한 분리도 실제로 가능하다. 파편화가 진행되는 메커니즘은 다음의 그림과 같다. 도시의 파편화가 진행되는 이유는 바로 정부의 신도시 건설과도 밀접한 관련이 있음을 알 수 있다.

한때, 전국의 모든 구도심은 일자리 창출의 허브였다. 그런데 스마트한 계획 없이 건설된 구도심은 곧 일자리를 찾아 모여든 인구로 넘쳐나게 된다. 이는 바로 삶의 질 하락으로 이어진다. 구도심은 낡은 빌딩과 아파트로 가득 차 더는 새로운 아파트를 건설할 땅이 없게 된다. 인구 분산을 유도하고 도시민의 삶의 질을 높이기 위하여 정부가 택하는 가장 쉬운 방법은 바로 구도심 인근에 신도시를 건설하는 것이다. 용인시의 경우, 수지구와 분당 등에 대규모 아파트 단지가 건설되었다.

〈파편화 진행 과정〉

공사가 중단된 빈 건물

구도심 인근에 신도시가 건설되면, 구도심의 투자 매력이 급격하게 떨어진다. 구도심의 낙후가 진행되면 옆의 사진처럼 공사가 중단된 빈 건물이 곳곳에 흉물로 방치되어 있다.

전형적인 구도심의 중심가 모습

전형적인 구도심의 중심가 모습이다. 3-4층의 낮은 빌딩이 다닥다닥 붙어있다.

신도시가 건설되면 구도심에 거주하던 사람 중 경제적으로 여유가 있는 사람을 중심으로 엑소더스가 이루어진다. 구도심의 부동산 가격은 지속해서 하락하고 이제 더는

신규 부동산 투자의 매력이 완전히 사라지는 것이다. 결과적으로 구도심은 쇠락의 길을 걷고 주거지는 분리된다. 이 과정이 바로 도시의 파편화가 되는 과정이다.

정부 투자의 정당성

도심이 파편화되면 다양한 사회적 문제가 발생한다. 경제적 여건에 따른 주거지의 분리가 발생하면서 구도심 지역과 신도시 지역 주민 간의 갈등이 발생한다. 심한 경우, 구도심이 슬럼 지역으로 변하면서 다양한 사회적 문제, 예를 들어, 환경 문제, 범죄 문제, 빈곤 문제 등이 발생한다.

신도시에 새롭게 입지하는 산업은 3차 서비스 산업, 벤처 산업 혹은 연구 단지 등의 산업이다. 하지만 구도심에는 여전히 환경을 악화시키는 공업 단지나 산업단지가 존재하고 심한 경우 이런 부지가 버려져 오염이 지역 안에서 확산되는 경우도 존재한다. 이는 구도심 주민의 건강을 위협한다.

지역이 슬럼가로 변하면 범죄 문제는 늘 도시민의 삶을 괴롭힌다. 경제적 빈곤은 범죄의 발생과 큰 연관이 있다. 파데이-테라니와 그린(Fadaei-Tehrani and Green, 2002)의 연구는 이를 잘 보여준다. 미국 사회를 대상으로 진행된 연구에서 저자들은 경제적 빈곤이 범죄 발생률의 약 75%를 설명하는 것으로 나타났다.

환경 문제, 빈곤 문제 그리고 범죄 문제 등 도시 안에서 발생하는 각종 사회문제는 정부의 개입(정부의 투자)을 정당화한다. 일단 구도심이 슬럼가로 변하면, 정부의 개입이 없이 도시를 다시 활성화하는 것은 사실상 불가능하다. 따라서 정부는 공격적인 재정 지출 정책을 집행하여 구도심의 사회 문제를 풀고자 한다. 하지만 이런 투자는 반드시 선한 것일까? 이 투자의 역효과가 바로 젠트리피케이션이라 할 수 있다.

: 정부의 투자는 항상 선한 것일까?

정부가 투자하는 이유: 티보의 핏 보팅? 혹은 재산세 때문?

티보의 발로하는 투표 가설로 잘 알려진 핏 보팅(feet voting)은 정부가 투자해야 하는 이유를 잘 설명하고 있다. 사람이 자신이 살던 지역을 떠나 새로운 지역에 안착하는 가장 큰 이유는 자신의 이익을 극대화하기 위해서이다. 자신의 이익을 극대화한다는 것이 대단히 거창한 것은 아니다.

예를 들어, 자녀가 지금 유치원을 다니고 있다면 아마 그 부모에게 가장 큰 당면 과제는 좋은 유치원이 위치해있을 뿐만 아니라 유치원 또래의 아이가 안전하게 놀 수 있는 도시어메니티가 많은 지역으로 이사하는 것이다. 혹은 새로운 일자리를 찾는 가정이라면 일자리 창출이 활발히 이루어지는 지역, 중소기업의 입지를 위해 투자를 하는 지역으로 이주하기를 원할 것이다. 하나의 예를 더 들자면, 만약 대도시로의 출퇴근을 위해 인근 도시로 이주하고자 한다면, 집값이 저렴하고 아마 교통이 원활하도록 도로 역시 잘 닦여있는 도시로 이주하기를 원할 것이다.

우리가 이렇게 우리의 발(feet)로 이주하면서 우리에게 적합한 도시에 투표하는 것을 바로 핏 보팅(feet voting)이라 한다. 도시정부 입장에서는 많은 사람이 해당 지역으로 이주할 수 있도록 적절히 투자해야 한다.

그런데 곰곰이 다시 생각해보면, 단순히 많은 주민이 모여 사는 도시 건설을 위하여 도시 정부가 투자를 늘리는 것일까? 도시정부 입장에서는 투자를 회수할 수 있어야 한다. 다시 말해, 투자를 세금으로 상쇄할 수 있어야 한다는 의미이다. 효과적인 정부 투자로 도시의 인구가 증가하면 결국 수요가 늘어나므로 부동산 가격이 상승한다. 부동산 가격의 상승은 결국 재산세의 상승으로 이어지고 이는 도시정부의 새로운 투자 여력을 늘려준다. 주택의 가격, 토지의 가격 등 부동산 가격은 도시정부의 은행 잔고나 다름이 없다. 도시정부 입장에서는 재산세를 늘리기 위하여 투자한다. 투자가 상쇄되면 손해를 볼 것이 없고, 재산세 수입이 투자비용보다 크면 이것보다 좋은 장사가 없기 때문이다.

정부 투자와 땅값

정부 투자의 문제는 부동산의 가격을 상승시킨다는 점이다. 따라서 젠트리피케이션 현상에 있어 정부의 역할은 상당하다.

몇 가지 정부 투자의 예를 살펴보자. 먼저 공원이다. 높은 빌딩과 아파트 숲 사이에 마치 오아시스처럼 존재하는 공원은 도시민의 휴식처이다. 물론 최근에는 아파트를 건설하며 아파트 단지 안에 공원과 다름이 없는 놀이터를 만들어 아파트 주민과 아이들이 휴식을 취할 수 있도록 한다. 하지만 도시민이 부담 없이 휴식을 즐길 수 있는 도시공원은 대부분 중앙정부 혹은 도시정부가 공공재 공급의 목적으로 투자하여 제공한다. 공원이 주택의 매매 가격의 상승을 견인한다는 연구는 상당히 많다. 우리나라에서는 송호창 · 김태호 · 이주형(2008)의 연구, 장충용 · 노태욱(2015) 등의 연구와 같은 주택 가격

추정 연구에서 대부분 공원과의 거리를 지역의 특성에 관한 변수로 활용하고 있다. 대부분 주택이 공원과 가까울수록 가격이 상승한다.

그 다음으로 생각해 볼 수 있는 투자는 대중교통이다. 버스나 지하철 같은 교통수단이나 새로운 도로의 건설이나 확장 역시 도시를 위한 정부의 대표적인 투자이다. KTX 역은 건설될 때마다 상당한 논란거리를 제공할 만큼 대중교통이 도시민의 삶에 미치는 영향은 매우 크다. 대중교통에 대한 투자가 주택의 매매 가격의 상승을 견인한다는 연구도 적지 않다. 우리나라의 대표적인 연구로는 금상수 · 한광호 · 백민석(2014)의 연구가 있다. 주택이 KTX역과 지하철역에 가까워질수록 주택 가격이 상승하였다.

마지막으로 고민해볼 지점은 바로 도시재생을 위한 정부투자가 상가 매매 가격과 임대료 상승에 미치는 효과이다. 문화, 예술, 역사 등의 활성화를 통한 지역의 부활을 꿈꾸며 시작된 도시재생 사업이 오히려 상가의 임대료 상승에 영향을 미쳐 지역의 부활에 앞장섰던 예술가들과 지역 상인들의 비자발적 이주를 강요한다. 사실 이 부분이 이 장의 주제 중 하나라 할 수 있다. 젠트리피케이션의 부작용이 정부 투자에 의한 주택 가격과 임대료 상승 때문에 발생할 수 있다. 황인옥(2016)은 전주한옥마을을 사례로, 신현준(2015)은 서촌/세종 마을을 사례로 도시재생과 젠트리피케이션의 발생 관계를 연구한 바 있다.

이 외에도 교육에 대한 정부 투자, 박물관 건설, 문화 시설의 확장, 스포츠 경기장의 건설 등도 도시의 집값과 임대료를 상승시켜 젠트리피케이션을 유발할 수 있다.

우리의 경험과 미래

1980년대까지만 하더라도 우리 삶의 범위는 매우 좁았다. 사회적 이동이 많지 않았으므로 태어난 동네에서 초등학교, 중학교, 고등학교를 졸업하는 것이 크게 이상하지 않았다.

1988년 서울 올림픽을 기점으로 도시마다 재개발 열풍이 불었다. 달동네로 불리던 우리 삶의 터전은 너무도 허망하게 헐렸고 그 자리에는 10층 이상의 아파트와 고급스러운 빌라로 채워졌다. 힘겨운 삶이었지만 모르는 이 하나 없이 정겨운 마음을 주고받던 우리의 마을과 동네는 이제는 찾아보기 힘들다. 더는 흙을 밟을 곳이 없는 서울에는 높은 빌딩과 아파트만이 우리 삶을 대변하고 있다.

그럼에도 불구하고 우리가 관심을 두지 않은 사이 여전히 도시 어딘가에 남아 마을과 동네의 공동체성을 유지하고 회복하기 위해 노력하는 사람들이 적지 않다. 또 어떤 곳은 비록 사회적 이동으로 새롭게 만난 사람들이지만 새로운 문화를 개척하고 마을의 새로운 공동체성을 창조하고자 노력하는 사람들이 모인 곳도 있다. 젠트리피케이션은 이런 사람들의 꿈과 희망, 그리고 사랑을 빼앗는 일이다.

서울의 경리단길, 망리단길, 가로수길, 홍대 앞, 인사동과 삼청동 등 모두 젠트리피케이션으로 이미 큰 갈등과 혼란을 겪은 바 있다. 경리단길의 젠트리피케이션의 특성을 연구한 허자연·정연주·정창무(2015)는 초기 젠트리피케이션 단계에서 경리단길에 새롭게 입주하는 상인들의 입주 동기는 저렴한 임대료였으나 경리단길이 관광 명소로 매스컴에 자주 노출된 2012년 이후에는 임대료 상승이 상권의 변화를 초래하였다고 지적하고 있다. 또한, 기존 지역 주민들에 의해 운영되는 상권의 업종이 변화하였으며 체인점의 등장도 잇따랐고 결과적으로 지역 주민과 상인의 이주가 확인된다고 설명하고 있다.

사실 이와 같은 현상은 가로수길과 인사동, 삼청동 등에서 유사하게 관찰된다. 다음 그림은 우리 도시에서 젠트리피케이션으로 거주자가 동네를 떠나는 과정을 보여주고 있다.

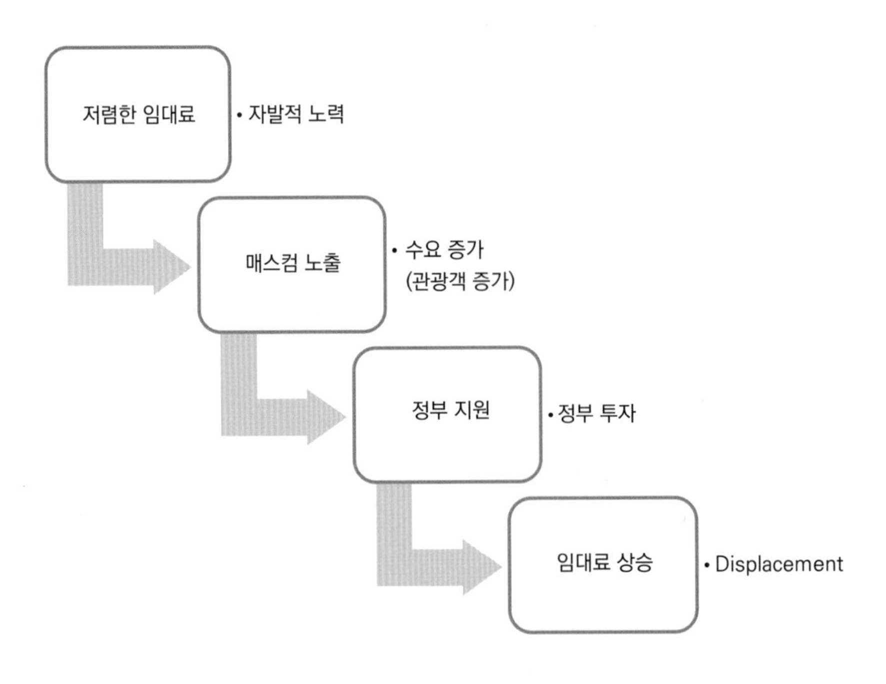

〈젠트리피케이션의 비극〉

재개발 광풍이 살짝 비껴간 동네의 임대료는 상대적으로 저렴할 수밖에 없다. 따라서 이런 동네의 주민들은 상당히 오랜 기간 거주하는 경향이 있다. 지역 경제 활성화의 목적으로 동네 주민들은 자발적인 노력을 기울인다. 이 과정에서 매우 특징적이고 독창적인 지역 문화가 싹트게 되고, 특색이 있는 음식점이나 커피숍은 사람들의 관심을 증가시킨다. 여기까지 주민들은 행복할지도 모른다.

어쩌면 비극은 매스컴 노출에서부터 시작되는 것인지도 모른다. 이렇게 자발적으로 활성화된 동네가 매스컴에 노출되면서부터 폭발적인 수요 증가를 경험한다. 마치 머스트 해브 아이템(must have item)처럼, 반드시 방문해야하는 must visit place가 되면 이제 감당할 수 없을 정도로 관광객이 증가한다.

여기에 기름을 붓는 역할을 하는 것이 정부의 투자이다. 정부는 각종 지원 사업으로 이미 유명한 동네를 더욱 유명하게 만들고 한국 관광의 메카로 우리 삶의 터전인 동네가 성장한다. 이때부터 본격적으로 임대료는 상승하고 지금까지 혼과 열정을 마쳐 동네를 일군 사람들이 떠나게 된다. 이것이 지금까지 우리가 경험한 젠트리피케이션의 모습이다.

우리 도시의 미래는 어떤 모습일까? 여전히 지역 주민을 도시의 바깥으로 내모는 잔인성이 우리 도시를 지배할까? 도시의 쇠퇴는 필연적이다. 쇠퇴한 지역에는 반드시

행궁마을 커뮤니티 아트센터

행궁마을은 화성행궁 인근의 마을이다. 이 사진은 행궁마을 커뮤니티 아트센터의 플래카드이다.

행궁마을 상가 모습

행궁마을에는 다양한 분야의 예술가들이 지역의 활성화를 위해 노력한 흔적이 가득하다. 젠트리피케이션으로 이들을 도시 밖으로 쫓아내지 않도록 세심한 관찰과 배려가 필요하다.

이 지역을 일으켜 세우기 위한 우리 이웃의 노력과 열정이 존재해왔으며 앞으로도 존재할 것이다. 이들의 노력을 더는 물거품으로 만들지 않도록, 노력한 자들이 그 과실을 딸 수 있도록 해야 한다.

: 비극을 피하기 위한 방법

비극을 피할 수 있는 길은 없을까? 대답하기 너무 힘든 질문이 아닐 수 없다. Displacement가 발생하기까지 불법이 존재하는 것은 아니기 때문이다. 잘못한 사람이 없음에도 불구하고 피해자가 발생하는 대표적인 예가 바로 젠트리피케이션이다.

젠트리피케이션의 부정적 효과를 완벽히 제거할 수는 없다. 우리 사회가 채택하고 있는 자본주의의 속성상 불가피한 부분이 있기 때문이다. 하지만 서로 타협점을 찾을 수 있는 합리적인 제도의 채택을 통해 부정적 효과를 완화할 수는 있을 것이다. 이 장을 맺으며 제도의 방향성을 한번 고찰해보자.

먼저 도시의 분화를 막을 방법은 없을까? 도시의 파편화가 젠트리피케이션의 근본적 원인이기 때문이다. 혹은 파편화가 이미 진행되었다면 도시의 재생과정에서 이를 완화할 묘수는 없는 것일까?

미국에는 저소득층을 위한 주택 개발 세액 공제 제도(Low Income Housing Tax Credit)가 있다. 이 제도는 미국의 도시 개발 과정에서 저소득층이나 중간 계층(middle class)에게 저렴한 가격의 주택을 공급하는 정책 중 가장 효과가 크다고 여겨지는 정책이다. 임대 주택 건설 사업자가 저소득층에게 저렴한 임대료의 주택을 공급할 목적으로 다세대 주택(예: 아파트)을 건설하면 세액 공제 방식으로 건설비 중 일부를 현금으로 돌려주는 제도이다.

이 제도로부터 혜택을 받으려면, 건설업자는 건설하는 총 아파트 호수(units) 중 최소 20%를 저렴한 임대 주택으로 건설해야 한다. 예를 들어, 사업자 A가 100채의 아파트를 건설한다면 20채를 저소득층을 위해 저렴한 임대로 시장에 내놓을 수 있어야 한다. 이 제도는 20채 건설비용의 총 70% 정도를 정부가 보전해주는 것이 골자이다.[3]

도시에 주택을 공급하려는 사업자 입장에서는 건설비의 상당 부분을 충당할 수 있고 저소득층 입장에서는 비싼 임대료 때문에 도시를 나가지 않고, 새로 건설되는 아파트에 거주할 수 있다.

우리의 주택 공급 형태는 주로 아파트이다. 도시의 재생 과정에서 건설되는 대부분 아파트는 중대형이다. 매매 값뿐만 아니라 전세, 월세 모두 기존 지역에 거주하던 주민에게는 큰 부담이 아닐 수 없다. 공급 과정에서 전세와 월세가 높지 않은 주택의 공급을 유도하는 것이다. 민간 사업자에게 유도하는 것이 어렵다면, 중앙정부와 지방자치단체 산하 공기업의 개발 과정에서는 가능할 것이다.

또한, 우리나라는 「문화재 보호법」에 따라 '역사문화환경 보존지역' 내 건축행위를 규제하고 있다. 하지만 젠트리피케이션의 부정적 효과를 완화하기에는 매우 부족하다. 도시의 역사성을 평가함에 있어 보존 가치가 매우 큰 문화재의 발굴 여부를 먼저 거론하는 것이 일반적이다. 하지만 도시의 역사성은 단순히 문화재 보유 여부 정도로 평가하기에는 매우 다층적인 개념이다.

도시에는 도시마다 보존가치가 큰 민담이나 전설이 있다. 오래전부터 사람들이 사용하던 건물이 있으며, 역사적으로 도시민이 애착을 보인 특정 장소도 있다. 때로는 전통시장에서 호떡을 팔고 계시는 나이 지긋한 할머니가 도시의 역사성을 보여주는 증인이 될 수도 있을 것이다. 우리의 동네, 역사적으로 보존가치가 매우 뛰어난 마을과 동네

3 저소득층을 위한 주택 개발 세액 공제 제도에 대한 설명은 미국 주택과 도시 개발부(U.S. Department of Housing and Urban Development)의 설명을 참조하였음

가 분명히 존재한다. 삶의 질을 높이기 위한 명분으로 현대화에만 매몰되면 젠트리피케이션은 피할 길이 없다. 호떡 할머니를 도시에서 몰아내고 도시 역사의 보존을 말하는 것 자체가 어불성설이다.

우리 도시에서는 상업 영역의 젠트리피케이션이 사회 문제가 되어왔다. 보존 가치가 훌륭한 우리 동네가 존재한다면 대기업 자본의 침투만큼은 최대한 차단할 필요가 있다. 현명한 차단 방법이 필요하다. 우선 보존 가치가 뛰어난 우리의 마을과 동네를 선정하여 이 지역의 사업은 승인을 거치도록 해야 한다. 영국의 커뮤니티 권한(community rights)이 좋은 예일 수 있다(박수진 · 남진, 2016). 영국처럼 지역 주민의 대표 기구에 의한 승인이 가장 좋은 해결책이 될 수도 있지만, 대표성에 문제가 있다면 그 지역을 담당하는 지방자치단체가 사업 허가를 내줄 때 조례 사항으로 사업의 지역 적합성 여부를 평가하는 것이다. 이는 프렌차이즈 진입을 효과적으로 방어하는 방법이라 할 수 있다.

: 이 장을 맺으며

고향을 잃어버린다는 것은 매우 큰 비극이다. 젠트리피케이션은 이런 비극을 우리에게 과제처럼 던져준다. 앞의 장에서 간단히 언급하였듯이 여전히 우리 도시는 개발자가 도시민보다 우위에 서 있는 구조이다. 기울어진 운동장에서 축구를 하는 것과도 같다. 토지자산가와 개발업자의 결탁, 그리고 도시 정부의 후원이 연합한 성장연합을 도시의 원주민이 이겨낼 재간이 없는 것이다.

신도시 개발 과정에서 많은 사람이 삶의 터전을 수용당했으며 세를 들어 살던 우리의 부모님들은 억울함을 호소할 길 없이 보상 한 푼 받지 못하고 고향을 등져야 했다. 신도시 개발과정을 힘겹게 버텼다 하더라도, 쇠퇴의 길목에서 다시 젠트리피케이션으로 인해 고통을 받는다.

이제 이런 고통의 고리를 끊어야 한다. 더는 부의 총량을 늘리기 위하여 행복하게 사는 사람들을 도시 밖으로 내몰아서는 안 된다. 방법이 많지 않을지라도 하나, 둘 고민해가면서 소수의 자본가를 위해 다수가 삶의 터전을 포기하지 않는 길로 바꿔 걸음을 걸어야 한다. 그래야 우리 모두 행복할 수 있다.

참고문헌

금상수 · 한광호 · 백민석(2014). 천안시 아파트시장의 특징과 가격형성요인. 감정평가 논집 13(2): 31-41.

박수진 · 남진(2016). 젠트리피케이션의 부작용 방지를 위한 지역공동체 역할에 관한 연구 – 영국 Localism Act의 Community Rights을 중심으로. 서울도시연구 17(1): 23-43.

송호창 · 김태호 · 이주형(2008). 주상복합아파트의 주택규모별 가격결정요인 분석. 서울도시연구 9(3): 79-92.

신현준(2015). 오래된 서울에서 진정한 도시 동네(authentic village) 만들기의 곤란 – 서촌/세종마을의 젠트리피케이션 혹은 복합적 장소형성. 도시연구: 역사 · 사회 · 문화 14호: 7-41.

장충용 · 노태욱(2015). 서울시 단독주택 가격결정요인에 관한 연구 –실거래 사례를 기반으로. 감정평가 논집 14(1): 55-71.

허자연 · 정연주 · 정창무(2015). 상업공간의 젠트리피케이션 과정 및 사업자 변화에 관한 연구: 경리단길 사례. 서울도시연구 16(2): 19-33.

황인옥(2016). 전주한옥마을의 젠트리피케이션 현상과 지역 갈등. 지역사회연구 24(1): 69-90.

Atkinson, R. and Bridge G. (2005). Gentrification in a Global Context. Routledge.

Fadaei-Tehrani, R. and Green, T. M. (2002). Crime and society. International Journal of Social Economics. 29(9/10): 781-795.

Glass, R. (1964). London: Aspects of Change. London: MacGibbon & Kee.

Jennings, J., Terrell, B., Douglas, J., Barnett, K. and Harding, A. E. (2016). Understanding Gentrification and Displacement: Community Voices and Changing Neighborhoods. Tufts University Report.

09

에너지 먹는 하마

– 도시의 지속가능성, 에너지 그리고 그린빌딩(Green Building) 확산 운동

에너지 먹는 하마

도시의 지속가능성, 에너지 그리고 그린빌딩(Green Building) 확산 운동

: 도시의 지속가능성이란?

도시의 지속가능성 문제를 살펴보기 전에 다음 페이지의 그래프를 먼저 확인해보자. 이 그래프는 유엔이 예측한 세계 인구의 추이를 보여주고 있다. 인구추이는 크게 세 갈래로 예측이 되었는데 지금과 같은 높은 증가율을 보일 경우, 세계인구는 2100년에는 현 인구의 두 배를 훌쩍 뛰어넘는 165억 명에 이를 것으로 예측되었다.

높은 증가율보다 조금 낮은 수준의 증가율로 조정할 경우에는 110억 정도에 달할 것으로 예측되었으며, 인구가 마이너스 증가율을 보일 경우에는 현 인구 정도 수준에서 약간 증가하다가 다시 하락할 것으로 예측되었다.

과연 165억 명이 함께 살아야 할 지구의 모습은 어떨까? 중간 정도의 증가세만 보이더라도 110억 명에 달할 인구를 지구가 과연 감당할 수 있을까? 지금으로서는 감히 예측조차 할 수 없다.

인구가 165억 명에 달했는데 인류가 지금과 같이 생산하고 소비한다면 아마 지구가 생존을 거부할 수도 있다. 끔찍한 결과가 초래될 것이다. 그렇다면 해법을 찾아야 한

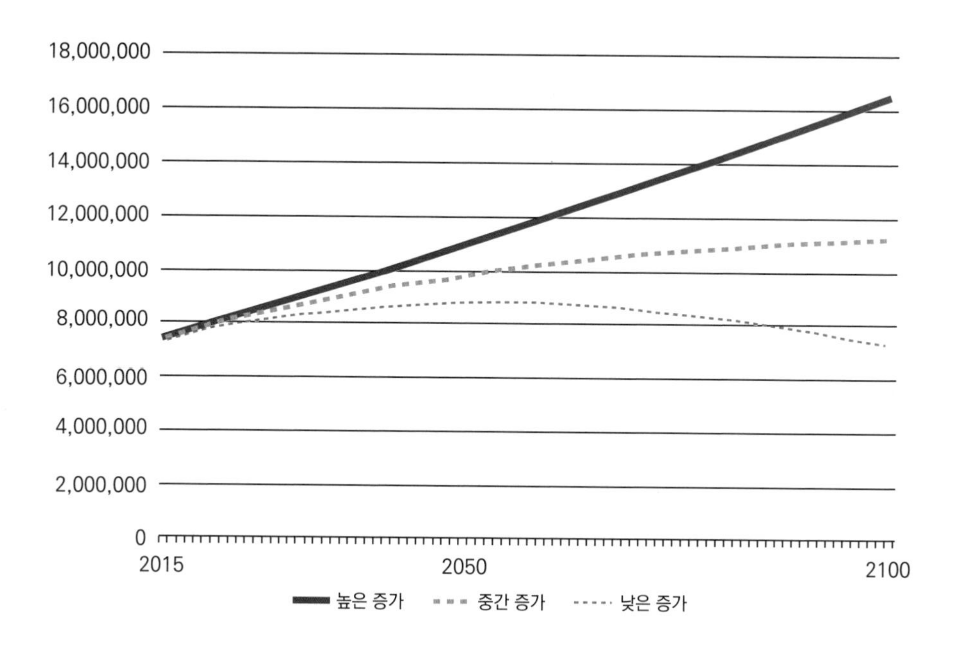

〈세계 인구 예측〉

출처: 유엔 인구 기구(United Nations Population Division)

다. 인류에게 어려운 문제이지만 도시를 공부하는 우리는 모두 고민을 해볼 필요가 있다. 단순히 전 세계의 인구 문제가 아니라 저 인구의 대부분이 도시에 살 것이 자명하므로 도시의 문제이기 때문이다.

단순하게 생각해보자. 해법은 뜻밖에 간단하다. 첫째, 인류의 증가를 최대한 억제하든지 둘째, 생산과 소비를 줄이면 된다. 생산을 위해 반드시 사용해야 하는 에너지를 절약하고 이미 만들어진 생산품은 최대한 아껴 쓸 뿐만 아니라 버려진 것이라도 재활용하면 된다. 소비를 줄이게 되면 생산자 역시 생산을 줄일 수 있을 것이다. 바로 이 지점에서 도시의 지속가능성의 개념에 관해 이해하고 이를 실천할 필요성이 제기된다.

도시의 지속가능성 이해하기

도시의 지속가능성은 지속가능한 개발(sustainable development)로도 불린다. 다시 말해, 개발을 포기하자는 것은 절대 아니다. 개발하지 말자는 주장은 사실 선진국에 매우 유리한 주장이다. 개발로 인한 이득을 선진국을 이미 취할 대로 취했기 때문이다. 이제 막 성장하려는 개발도상국의 개발을 막는 것은 그들 국가 국민이 부유한 삶을 살아갈 기회를 박탈하는 것일 수도 있다.

그렇다면 지속가능한 개발이 과연 가능한 것일까. 우리는 이를 어떻게 이해해야 할까? 유엔은 지속가능한 개발에 관한 정의를 몇 차례 제시한 적이 있다. 1987년에는 지속가능한 개발을 '미래 세대가 자신의 욕구를 충족시키는 능력을 침해하지 않으면서 현세대의 욕구를 충족시키는 개발'로 정의한 바 있다. 이는 세대 간의 형평성을 강조한 것으로 볼 수 있다. 현세대의 무리한 욕심은 우리 아들·딸 세대 혹은 아들·딸의 아들·딸 세대의 행복을 침해할 수 있음을 지적한 것이다.

또한, 1991년 유엔에서는 지속가능한 개발을 '지지하고 있는 생태 체계의 수행 능력 이내에서 인간의 삶의 질을 향상하는 개발 방법'으로 정의하였다. 이는 환경의 용량을 강조한 것으로 볼 수 있다. 지구 환경은 스스로 자정하고 회복할 수 있는 한계 용량이 있다. 이를 넘어서는 개발은 지속가능한 개발과 거리가 멀다고 볼 수 있다.[1]

메가와 페더센(Mega and Pedersen, 1998)은 지속가능한 도시에 관해 정의를 내렸다. 이들에 따르면 지속가능한 도시란 '적극적인 시민 참여의 과정을 통해 경제적, 환경적, 사회문화적 발전의 균형을 이룬 도시'이다. 메가와 페더센은 시민의 적극적인 참여와 감시를 통해 경제의 무분별한 개발로 인한 환경 파괴를 막아야 한다고 주장한 바 있다. Worldwatch Institute(2007) 역시 지속가능한 도시를 정의하였다. 이 기관에 의하면, 지속가능한 도시는 '시민의 건강과 복지 증진을 위해 노력하며 개발의 환경 파괴를 최대한으로 억제하고 물질을 재활용할 뿐만 아니라 에너지의 효율을 최대한 높인 도시'이다.

이 외에도 많은 학자가 도시의 지속가능성 혹은 지속가능한 도시에 관해 정의를 내려왔다. 이 책에서 제시한 정의와 기타 학자들의 정의를 종합하면 지속가능한 도시는 다음의 그림과 같이 환경(environment), 경제 개발(economic development), 사회(society) 등 세 가지 키워드로 설명해 볼 수 있을 것이다.

그림에서 충분히 유추할 수 있듯이 A영역이 도시의 지속가능성을 의미하는 영역이다. B영역은 사회 구성원들이 환경을 보호하며 생태계를 최대한 존중하는 상태로서 환경의 지속가능성은 매우 뛰어나지만, 저개발 상태에서 도시민의 수입이 적을 가능성이

1 도시의 지속가능성에 관한 UN의 정의는 후앙, 우와 얀(2015)의 문헌을 참조하였음.

크다. C영역은 환경을 존중하는 개발을 진행하지만 사회 구성원의 행복에는 그다지 관심을 주지 않는 상태로 볼 수 있으며 D영역은 사회 구성원의 삶의 질을 높이기 위한 경제 개발이 이루어지고 있는 상태인데 환경에 대한 의미부여가 많지 않으므로 환경 파괴 가능성이 존재하는 상태로 볼 수 있다. 반면에 A영역은 환경과 경제 개발, 사회 구성원의 행복 등이 모두 조화를 이룬 상태로 매우 이상적인 지속가능한 도시의 모습을 보여주고 있다.

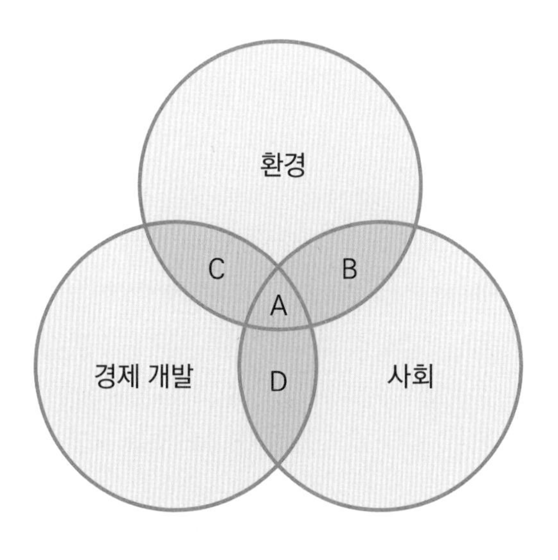

〈도시의 지속가능성〉

: 도시의 지속가능성과 에너지

앞서 도시의 지속가능성을 환경과 경제, 그리고 사회 등 세 가지 키워드로 설명해 보았다. 이 세 가지 키워드를 관통하는 또 하나의 개념은 바로 '에너지'이다. 에너지 소비는 환경의 파괴를 수반할 수밖에 없으며, 경제 개발을 위해서는 에너지의 소비가 필수적이다. 사회를 지탱하는 것 역시 에너지로 볼 수 있다. 우리가 일할 때는 물론이고, 여가를 즐길 때도, 우리가 의식하지 않더라도 지속적으로 에너지를 소비한다. 삶을 위해 최소한의 에너지조차 사용할 수 없는 사회는 매우 불행하다.

도시의 지속가능성을 이해하였다면, 도시의 관점에서 에너지를 절약하는 방법을 이해할 필요가 있다. 이를 위해 이 책에서는 그린빌딩 확산 운동(green building diffusion movement)을 중심으로 에너지 절약 방안에 대해 고민해 보도록 할 것이다. 그린빌딩에 관해 설명하기 전에 먼저 우리나라 에너지 현황에 대해 살펴보자.

에너지에 관한 몇몇 지표들

에너지의 기초 지표 그리고 우리의 상황

가장 먼저 관심을 가질만한 지표는 우리가 과연 얼마나 많은 에너지를 수입하고 있는지를 알려주는 지표이다. 에너지의 중요성을 환기할 수 있기 때문이다. 다음의 첫 그래프를 보면, 우리나라의 전체 수입 중 에너지 수입이 차지하는 비중은 최소 25%에서 최대 35% 정도임을 알 수 있다. 우리가 사용하는 에너지를 위해 매우 많은 돈을 매년 해외에 지불하고 있는 것이다.

물론 우리가 사용하는 모든 에너지를 해외로부터 돈을 주고 들여오는 것은 아니다. 그 다음 그래프를 보면, 우리나라 안에서 사용되는 모든 에너지의 15~20%는 자체적으로 생산하고 있음을 알 수 있다. 오래전부터 어른들에게 들어왔던 말과 같이 '석유

전체 수입 대비 에너지 수입 비중

우리나라의 총 대외 수입 중 에너지 수입의 비중은 대체로 25~35% 수준임을 알 수 있다. 최근에는 하락하는 추세를 나타내고 있는데, 일시적인 현상인지 여부는 조금 더 지켜봐야 할 것 같다.

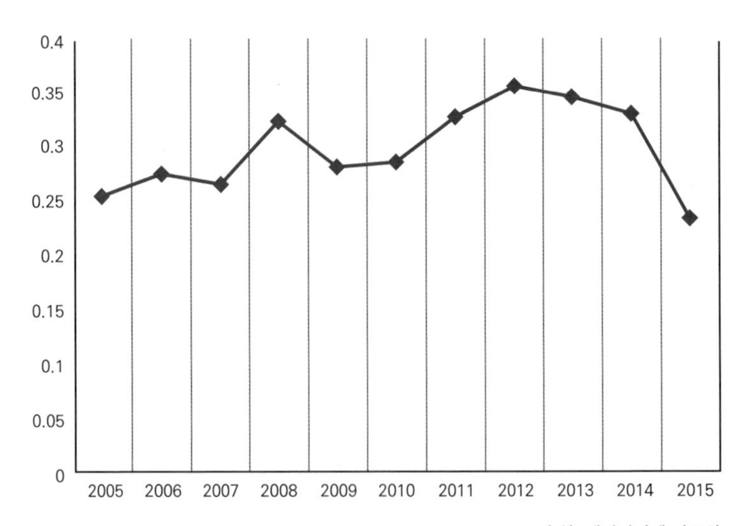

출처: 에너지경제 연구원

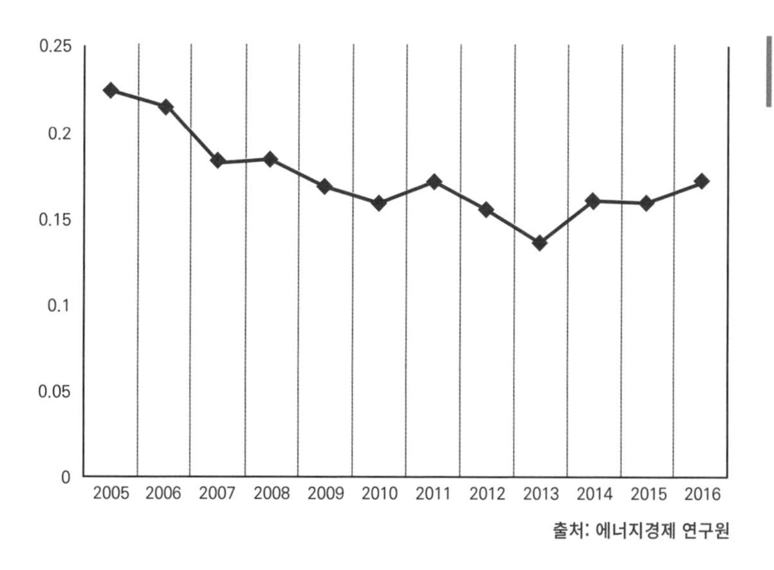

에너지 수입량 대비 생산량

우리나라가 총 사용하는 에너지가 100이라고 한다면 20% 정도를 자체적으로 생산하고 있으며 나머지 80%는 수입에 의존하고 있음을 알 수 있다.

한 방울 나지 않는 나라'가 우리나라인데 생각보다 많은 에너지를 자체적으로 생산하고 있다고 생각할 수도 있다. 하지만 절대량을 보더라도 너무나 많은 에너지를 해외 국가들에 의존하고 있다.

에너지를 주로 사용하는 사용자가 산업부문임을 고려하면 에너지를 생산하여 수출하는 국가의 상황과 관련한 국제 정세가 우리나라 경제에게 얼마나 중요한지가 가늠된다. 지속가능한 도시의 성장을 위해서라도 당면 과제는 분명하다. 최대한 에너지 사용을 줄이고 자체 생산량을 늘리는 것이다. 물론 둘 다 매우 어려운 과제이다.

35도를 넘나드는 한여름 혹은 영하 10도에 가까운 한겨울에 우리가 원하는 만큼의 냉방과 난방을 못 한다고 가정해보자. 그곳이 직장이 되었든 우리의 가정이 되었든 우리 삶의 질은 바닥을 칠 수밖에 없다. 직장에서의 일의 능률과 가정의 행복이 에너지에 달려있다고 해도 지나친 가정은 아닐 것이다.

다음 페이지의 첫 번째 그래프는 수입하는 에너지의 총량을 1이라 가정할 때, 에너지원별 비중을 보여주고 있다. 물론 석유가 약 60~70% 비중으로 매우 높은 것을 알 수 있고 그 다음으로는 석탄과 천연가스 순이다. 천연가스 비중이 10% 정도로 매우 낮은데, 에너지 원천의 다각화가 절실하다 할 수 있다. 석유의 잔여 매장량에 대한 추정이 엇갈리고는 있지만 대체로 천연가스의 매장량이 훨씬 풍부하다고 알려져 있는데, 러시아와 구소련 연방에서 독립한 국가들에 매우 많이 매장되어 있다고 한다.

그 다음 그래프는 우리나라의 에너지원별 생산 비중을 보여주고 있다. 그래프에서 확인할 수 있듯이 원자력을 통한 에너지 생산 비중이 압도적으로 많은 것을 알 수 있다. 무연탄이나 천연가스의 생산이 매우 미미한 데 반하여 신재생 에너지를 통한 에너지 생산은 유의미한 증가세를 보여주고 있다.

우리나라는 과연 원자력 발전을 신재생 에너지 발전으로 대체할 수 있을까? 이 그래프만 확인해보면 그럴 수도 있을 것 같다. 하지만 바로 이어서 신재생 에너지 부문의 내실이 그렇게 튼튼하지 않음을 설명할 것이다.

에너지원별 비중

이미 독자들도 충분히 예상할 수 있듯이 우리나라가 수입하는 총 에너지원이 100이라고 한다면 약 65~70은 석유를 수입하고 있으며 약 25는 석탄을 그리고 10 정도를 천연가스를 수입하고 있다.

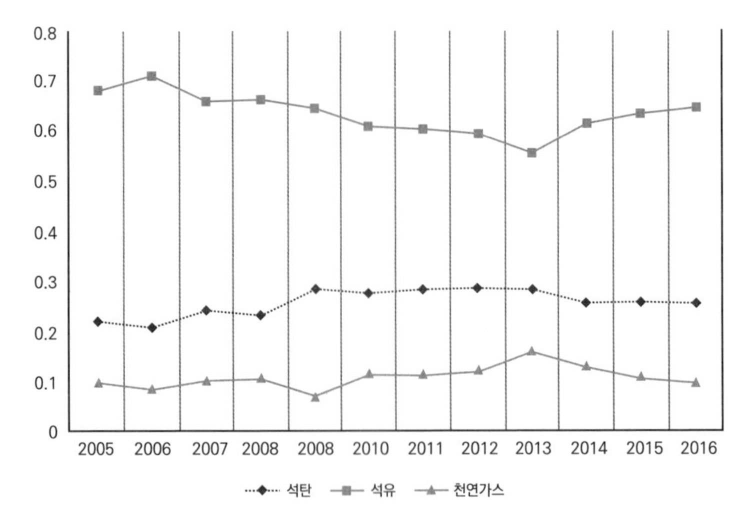

출처: 에너지경제 연구원

우리나라의 에너지원별 생산 비중

우리나라의 원자력 의존도는 2005년 이후 지속해서 하락하고 있다. 반면에 신재생 에너지는 상승하고 있는데 무연탄과 천연가스 생산량이 미미하므로 원자력 생산을 신재생에너지가 표면적으로 대체하고 있다.

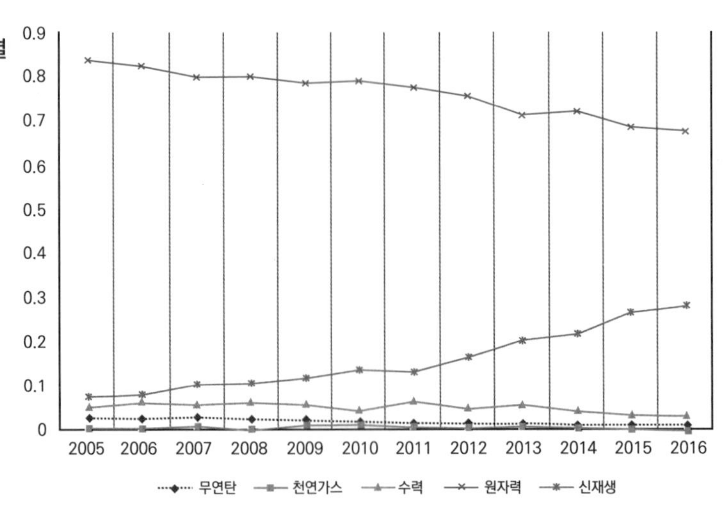

출처: 에너지경제 연구원

신재생 에너지 지표

신재생 에너지란 연료전지나 수소, 석탄 액화 등과 같은 신에너지와 자연으로부터 얻을 수 있는 태양광, 태양열, 바이오, 지열, 폐기물 등이 재생에너지를 포함하는 에너지의 원천이다. 위의 그래프를 통해 우리나라에서 자체적으로 생산되는 모든 에너지 중 약 30%가 신재생 에너지를 통해 생산되는 것을 확인하였다. 조금 더 깊이 들어가 보자.

다음의 첫 번째 그래프는 우리나라가 생산하는 신재생 에너지의 유형별 생산 비중을 보여주는 그래프이다. 그래프에서 확인할 수 있는 바와 같이, 폐기물의 비중이 압노적으로 높으며 그 다음으로 바이오, 태양광, 수력, 풍력 순이다.

보리, 옥수수나 콩 등으로부터 에너지를 얻는 바이오가 약 15% 비중이며 태양전지를 활용하는 태양광이 11% 정도로 유의미한 비중을 보인다. 나머지 신재생 에너지 유형은 가정이나 산업부문에서 실험적 혹은 선도적으로 활용되고 있는 수준을 넘지 못한다.

두 번째 그래프를 보면 에너지로 변환되는 폐기물의 대부분은 폐가스임을 알 수 있다. 폐가스란 주로 산업체에서 활용하고 남은 가스로서 인체에 유해하므로 유해 성분을

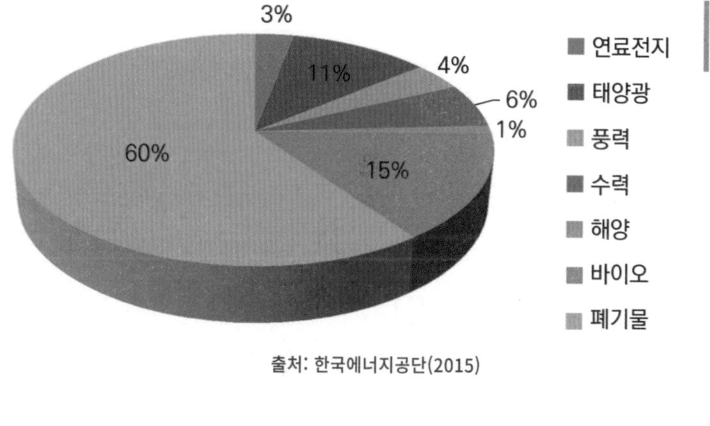

출처: 한국에너지공단(2015)

신재생 에너지 유형별 생산량 비중

신재생 에너지 유형별 비중을 살펴보면, 폐기물이 약 60%를 차지하고 있으며 그 다음으로는 바이오와 태양광이 뒤를 잇고 있다.

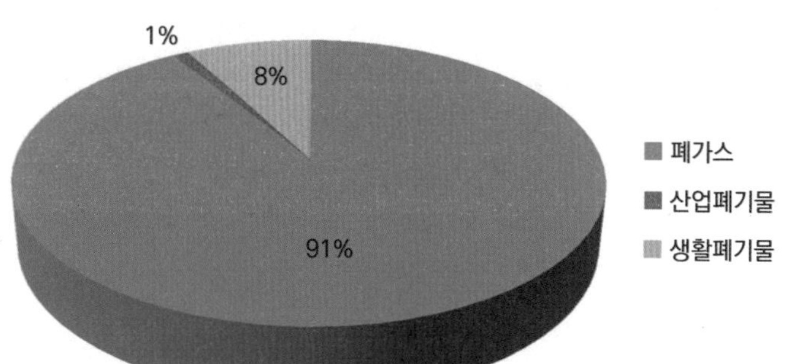

출처: 한국에너지공단(2015)

폐기물 유형별 생산량 비중

신재생 에너지 중 가장 많은 생산량을 보여주는 폐기물을 다시 유형별로 구분해 보면 폐가스가 압도적으로 높은 비중임을 알 수 있다.

제거하는 공정을 거쳐 다시 재활용하는 것이다. 폐가스를 재생할 수 있는 기술이 발전하여도 산업부문의 크기가 갑자기 커지는 것은 아니므로 신재생 에너지 확장의 관점에서 폐가스는 매우 제한적이다.

신재생 에너지 중 대표주자라 할 수 있는 수력, 풍력, 지열 등을 활용한 발전은 매우 제한적이며 에너지 생산에 있어 수입을 대체할만한 수준에는 이르지 못하고 있다. 신재생 에너지의 미래가 그렇게 밝지 않다는 것을 단적으로 보여주고 있다.

: 에너지 먹는 하마는 누구인가?

도시의 구성원 중 에너지를 가장 많이 소비하는 구성원은 누가 뭐래도 산업체이다. 생산을 위한 공장을 가동하는데 엄청나게 많은 양의 전기가 소모됨은 두말할 것도 없다(다음 페이지의 첫 번째 그래프 참조).

건물과 수송은 비슷한 비중으로 에너지를 소비하고 있는데 여기에는 통계의 함정이 존재하는 것으로 보인다. 예를 들어 휴대전화를 생산하는 공장을 생각해보면 이 공장에서 사용하는 모든 에너지는 산업 부문으로 통계가 잡힌다. 하지만 이 공장 역시 건물 안에 입주하므로 건물이 소비하는 에너지와 산업체가 소비하는 에너지를 구분하는 것은 사실상 무의미하다. 다음 두 번째 그래프를 보면 이는 더욱 명확하다. 흔히 우리가 도시 외곽 지역에서 많이 볼 수 있는 공장에서 사용하는 에너지는 '건물' 부문 통계에 포함되지 않는다.

이제 이 장의 주요 주제인 '건물' 유형에 따른 에너지 사용량을 살펴보자. 두 번째 그래프를 보면, 주거용도인 아파트에서 가장 많은 에너지를 사용하고 있으며 그 다음으로는 상가 건물, 학교, 병원 순으로 많이 사용하고 있음을 알 수 있다. 반면, 공공부문 건물은 약 6%의 에너지 사용 비중을 나타내고 있다. 공공부문 건물에 대한 규제만으로 도시의 에너지를 유의미하게 절약하기는 사실상 불가능하다.

도시는 건물의 총체라 해도 과언이 아니다. 산업 부문이 사용하는 에너지 중 건물 자체의 직접적 에너지 소비는 수치화하기 매우 어렵지만, 산업체 역시 거의 모두 건물 안에서 그 활동이 이루어진다는 것을 고려할 때 도시를 구성하는 대표적 구성원인 건물의 에너지 효율을 높이는 것은 도시의 지속가능성에 크게 이바지할 것으로 판단된다. 그래서 우리 사회는 그린빌딩 확산을 위해 노력할 필요가 있다. 우리의 삶과 일을

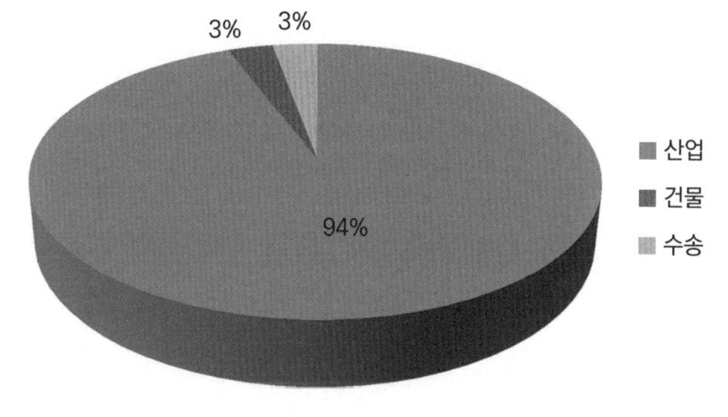

출처: 산업통상자원부(2016년 기준)

부문별 에너지 사용 비중

산업부문의 에너지 사용량이 압도적으로 많음을 알 수 있다. 다만 산업부문의 건물에서 사용되는 에너지는 모두 산업부문에 포함되므로 단순 비교는 어려울 수 있다.

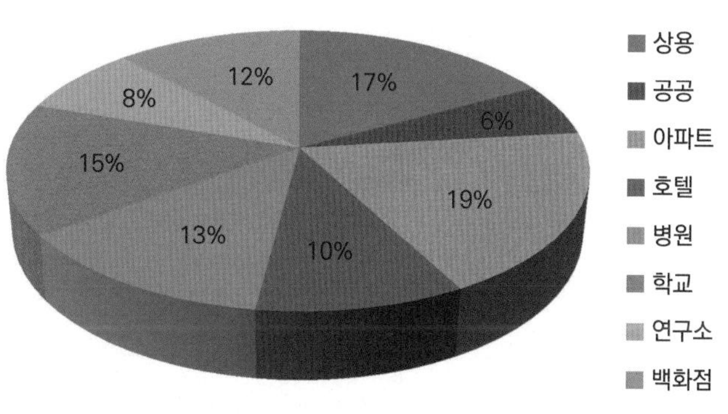

출처: 산업통상자원부(2016년 기준)

건물 유형별 에너지 사용 비중

건물 유형별 에너지 사용 현황을 보면 아파트와 일반 상가(상용) 건물에서 사용 비중이 높은 것을 알 수 있다. 다만 건물의 수를 고려할 때, 공공건물에서 사용되는 에너지 역시 적지 않은 것으로 판단된다.

위해서는 어쩔 수 없이 건물을 지어야 하기 때문이다. 자, 이제 그린빌딩 확산 운동에 관해 알아보자.

: 그린빌딩이란?

"도시는 무엇으로 구성되는가?"라는 질문에 답하기 위해 우리 주위를 둘러보면 보이는 것은 키가 큰 건물뿐이다. 우리는 건물 안에 살고 있고, 건물 안에서 직장 생활을 하며, 주로 건물 안에서 여가 생활을 즐긴다. 도시 안에서 생활하는 사람들을 제외하면, 도시는 건물의 집합체라 할 수 있다.

도시에서 건물은 우리 삶의 터전이며 우리는 날마다 전기, 가스 등의 형태로 도시 안에서 에너지를 소비하며 살아간다. 에너지 소비는 곧 탄소배출을 의미하며 대기권에 배출되는 탄소의 증가는 지구온난화를 가속화하는 것으로 알려져 있다.

에너지가 도시의 미래를 규정할 수 있다는 전제를 설정하면 그만큼 에너지를 절약할 수 있는 도시를 건설하는 것만큼 중요한 것도 없다. 에너지 절약형 도시는 바로 에너지를 절약형 건물의 건설에서 시작한다. 그린빌딩은 바로 에너지 절약형 빌딩을 말한다. 이 책에서는 미국의 그린빌딩 확산 운동을 중심으로 그린빌딩의 개념과 효과 등에 대해 살펴볼 것이다.

미국의 LEED 빌딩 확산 운동

LEED란?

LEED는 Leadership in Energy and Environmental Design의 약자이다. 미국의 비영리 단체인 그린빌딩 협의회(U.S. Green Building Council)가 자체적인 기준을 정하여 2000년부터 시행하고 있는 그린빌딩 인증제도라 할 수 있다.

미국 그린빌딩 협의회가 2000년 활동을 본격적으로 시작하기 전부터 그린빌딩의 인증은 Energy Star를 중심으로 이루어졌다. Energy Star는 건물뿐만 아니라 전자제품과 같은 제품의 제조 과정 및 운용과정에서 에너지를 발생시키는 모든 제품의 에너지 배출량 관련 인증을 관리하는 곳이다. 즉, 인증을 받고 싶은 건물의 소유주는 Energy Star를 통하여 그린빌딩 인증을 받을 수 있었다. 하지만 미국의 그린빌딩 인증은 그린빌딩 협의회의 출범 이후, 본격화되기 시작하였다. 미국 그린빌딩 협의회는 2000년부터 새로운 그린빌딩 인증 제도인 Leadership in Energy and Environmental Design(이하 LEED)을 제정하여 Energy Star 등으로 분산되어 있던 그린빌딩 인증제도를 통합하기 시작하였다.[2]

LEED 인증을 받으려면

건물주가 자신이 소유한 그린빌딩을 LEED 빌딩으로 인증을 받으려면 미국 그린빌딩 협의회가 제시한 기준에 의한 평가를 받아야 한다. 그 기준은 다음과 같다.[3]

2 이 내용은 저자의 연구 논문(2011)과 홍원표(2014), 최현선(2011) 등의 연구 논문을 참조하여 작성하였음.
3 미국 그린빌딩 협회는 2013부터 기존의 LEED 인증을 LEED v4 인증으로 업그레이드시킨 바 있다. 기존에는 건물의 유형에 크게 구애받지 않고 인증을 하였으나 새로운 인증 제도에서는 이를 구분하였을 뿐만 아니라 새로운 건축에 따른 친환경 건축물의 인증인지 혹은 내부 인테리어 공사에 따른 인증인지 여부 역시 구분하여 제도를 디자인하였다. 하지만 평가 요소 등의 큰 줄기는 변하지 않았으므로 이 책에서는 기존 LEED 인증 제도를 기준으로 설명하였다.

<LEED 빌딩 인증 기준>

항목	배점	LEED 레벨
에너지 소비량과 대기환경(Energy & Atmosphere)	37점	80점 이상: LEED Platinum 60점 이상: LEED Gold 50점 이상: LEED Silver 40점 이상: LEED Certified
건물의 위치(Sustainable Site)	21점	
빌딩 내부 환경의 질(Indoor Environmental Quality)	17점	
건물의 건설자재(Material & Resources)	14점	
상수도의 효율(Water Efficiency)	11점	
합계	110점	

출처: U.S. Green Building Council

LEED 빌딩은 평가 점수에 따라 크게 네 등급으로 구분된다. 가장 친환경적인 빌딩은 LEED Platinum 등급을 받을 수 있으며 그 뒤로 LEED Gold, LEED Silver, LEED Certified 순으로 친환경 여부에 따라 등급이 부여된다.

역시 건물의 에너지 효율이 가장 중요한 평가항목이며 건물의 위치, 내부 환경의 질, 친환경 건설 자재의 사용 여부, 상수도 효율성 등이 주요 평가 대상이 되는 항목이다. 특이한 점은 건물의 위치가 매우 중요한 평가 요소 중 하나라는 점이다. 새로 신축되는 건물의 경우, 도심지에 건축이 되는 건물은 도시 외곽이나 시골에 건축되는 건물에 비해 낮은 점수를 받게 된다.

LEED 건물 현황

다음 페이지의 두 그래프는 미국의 LEED 빌딩의 인증 추이와 누적 수를 보여주고 있다. 2000년 인증이 시작된 이래 인증 수가 비약적으로 늘어나고 있는 것을 확인할 수 있다. 특히 2006년부터 2009년까지 인증 증가율이 매우 가파르다. 다만 2010년부터 2015년까지 인증 수는 주춤하고 있는데 이는 미국의 경제 상황과 관련이 큰 것으로 보인다. 서브 프라임 모기지(sub-prime mortgage)[4] 사태 이후 미국의 지역 경제가 지속해서 악화되었으며 2016년에 들어와서야 경기가 회복되는 조짐을 보이고 있다.

지역 경제가 침체되면 당연히 새로운 건물의 건축이 줄어들 수밖에 없다. 더욱이 LEED 빌딩의 인증은 최소 15%에서 최대 30% 정도 건축 비용이 추가로 소모된다(Miller,

4 비우량 주택 담보 대출을 의미.

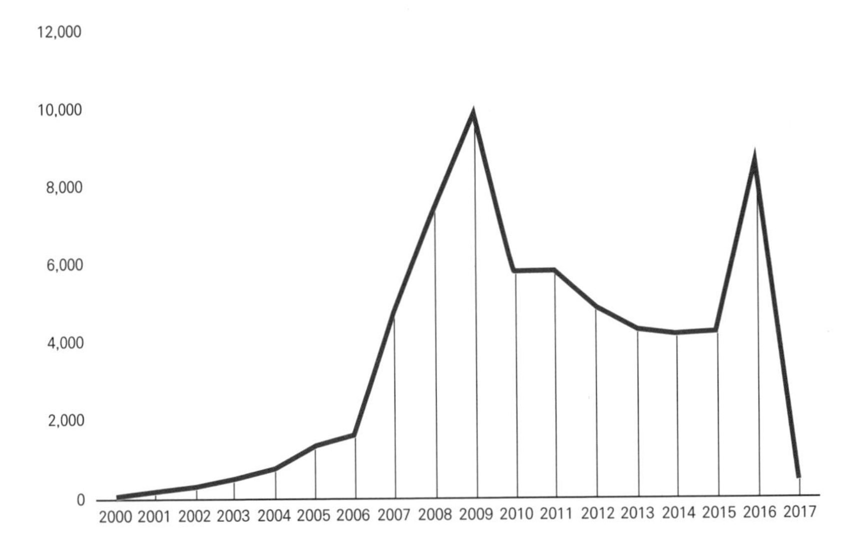

〈LEED 빌딩 인증 추이〉

출처: 미국 그린빌딩 협의회(US Green Building Council, 2017년 5월 현재)

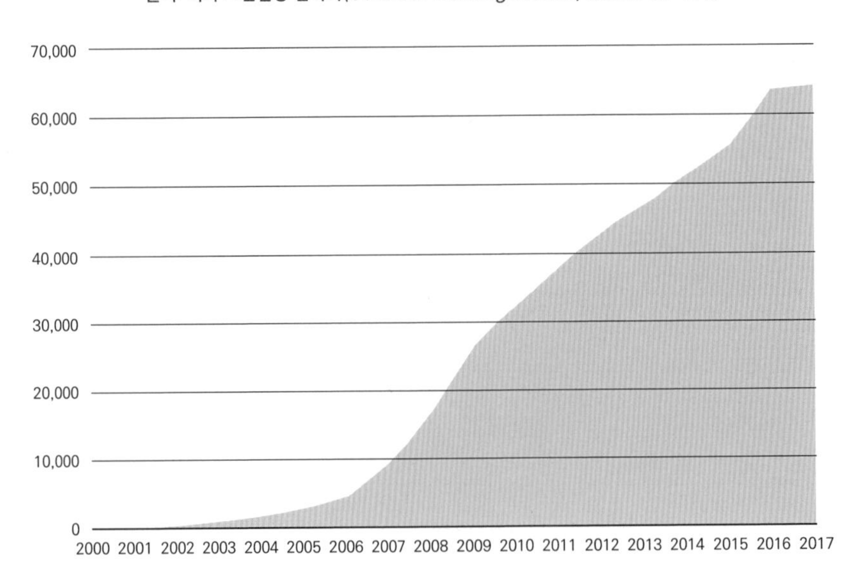

〈LEED 빌딩 인증 누적〉

출처: 미국 그린빌딩 협의회(US Green Building Council, 2017년 5월 현재)

Spivey and Florance, 2008). 경제가 좋지 않으면 LEED 빌딩으로의 건축이 줄어들 수밖에 없다.

LEED의 외부효과와 확산 운동

외부효과란 경제 활동이 의도한 직접적인 효과 외의 의도하지 않은 효과를 말하고, 이는 긍정적 외부효과(positive externality)와 부정적 외부효과(negative externality)로 구분할 수 있다. LEED 확산을 위한 운동의 핵심이 바로 인증의 긍정적 외부효과를 과학적으로 검증하여 긍정적 외부효과가 일반 건축물에 비해 높은 그린빌딩의 건축비를 상쇄할 수 있다는 주장을 입증하는 것이다.

그렇다면 가장 관심을 끌 만한 긍정적 외부효과는 무엇일까? 바로 건물의 매매 값이나 임대료가 인증을 받지 않은 건물에 비해 높게 책정되어 LEED 인증을 위한 건축비의 상승을 상쇄하는 것이다. 바로 앞에 설명한 바대로 LEED 건물의 건축비는 일반 건물의 건축비에 비해 15%~30% 비싸다. 몇 연구자의 연구 결과를 확인해보자.

친환경 건축물의 매매 가격이나 임대료에 관한 연구의 선도적인 연구는 밀러, 스파이비와 플로란스(Miller, Spivey and Florance, 2008)의 연구이다. 에너지 절약형의 친환경 건축에 대한 투자가 매매 가격이나 임대료 상승을 견인한다면 투자비는 곧 회수될 수 있다는 전제하에 진행된 연구이다. 저자들은 통계분석을 통해 LEED 건물이 일반 건물보다 임대료가 약 25% 높음을 확인하였다. 25% 높은 임대료는 높은 임대 수요 때문으로 저자들은 분석하였다.

이런 결과는 이후 진행된 다른 연구에서도 크게 다르지 않게 도출되었다. 예를 들어, 더미시와 맥도날드(Dermisi and McDonald, 2011)는 12년 동안 시카고 지역의 건물 매매 현황을 분석하였다. 분석의 결과 LEED 빌딩은 일반 빌딩보다 약 23% 비싸게 거래되고 있었다. 비교적 최근 연구 결과인 로빈슨과 샌더포드(Robinson and Sanderford, 2016) 역시 최소 8%에서 최대 20%의 매매 가격 상승 효과가 있는 것으로 분석하였다. 더미시와 맥도날드의 연구와는 달리 로빈슨과 샌더포드는 전국 데이터를 분석하였다.

이상의 연구 결과에서 확인할 수 있듯이 LEED 빌딩의 매매 가격과 임대료 상승 외부효과는 존재하는 것으로 보인다. 그렇다면 우리는 건물을 건축하고자 하는 건물주에게 LEED 빌딩 인증을 받으라고 설득할 여지가 충분하다. 하지만 과연 그럴 수 있을까? 이 부분이 LEED 빌딩 확산 운동 진영이 노력하고 있는 부분이다.

먼저 공공기관이 소유한 공공건물은 최대한 친환경 인증을 받도록 노력하고 있다. 공공건물의 인증은 민간으로 확산하는 효과가 있는 것으로 기대되고 있다. 또한, 각 도시의 주민들이 자주 방문하는 대형 건물, 예를 들면 최대로 큰 쇼핑몰이나 학교 건물 역시 LEED 건물 인증을 유도하고 있다. 이런 건물의 LEED 인증은 파급효과가 크기 때문이다.

LEED의 가치를 높이기 위해 적극적인 해외 진출도 모색하고 있다. 우리나라의 롯데월드타워가 최근 LEED 골드 등급으로 인증을 받은 바 있다. 미국 그린빌딩 협의회에 따르면 총 10만이 넘는 LEED 빌딩 중 약 4만이 미국 외의 나라에서 인증을 받은 건물이다. 이렇게 인증의 가치가 높아지면 건축을 계획하고 있는 건물주 역시 에너지를 절약할 뿐만 아니라 친환경 재화를 활용함으로써 환경의 훼손도 줄일 수 있는 친환경 건축물도 건설하려는 움직임도 커질 것으로 기대된다.

이 장을 맺으며

사실 우리나라는 출산율 저하로 인한 사회문제가 매우 중요한 당면 과제이다. 도시의 인구가 줄 터인데 과연 도시의 지속가능성과 에너지 문제를 논하는 것이 큰 의미가 있는지 회의적일 수도 있다. 그런데 조금만 생각을 바꾸어보자.

이미 도시에 인구가 절대적으로 집중되어 있으며 삶을 유지하기 위한 건축물의 건설은 지속되고 있다. 주위를 둘러보면 여전히 수많은 아파트가 우리 주변에 지어지고 있다. 도시 건설도 마찬가지이다. 현세대의 정책 실패일 수도 있지만, 신도시 건설은 멈출 기미가 없다. 이러한 도시에 대한 과한 투자는 이미 현실적인 문제이며 다시 도시를 허물지 않는 한 운영을 위한 비용을 지급해야 한다. 그 비용이 바로 에너지이다. 에너지에 대한 대책을 현세대가 세우지 못하면 에너지 먹는 하마, 우리의 도시는 오히려 우리 삶의 부담으로, 짐이 될 날이 올 것이다.

친환경 건축물이 얼마나 에너지를 줄일 수 있을까? 계량화된 수치로는 큰 영향이 없을지도 모른다. 하지만 우리의 모든 활동이 건물과 큰 관련이 있다는 것을 고려하면 수치로 잡히지 않는 효과가 분명히 존재한다. 필연적으로 건물을 지을 수밖에 없고, 우리는 그 건물을 사용할 수밖에 없다면 그나마 우리의 기술로 최대한 에너지를 절약하고 환경 훼손을 막아야 한다. 이는 우리의 의무라 할 수 있다. 이것이 도시의 지속가능성을 위한 전부는 아닐 수 있어도 시작일 수는 있을 것이다. 이런 노력이 당연히 모든 환경 문제를 해결할 수는 없겠지만, 그동안 환경이 우리 삶에 베풀어준 은혜에 대한 최소한의 도리일 수는 있을 것이다.

우리나라 역시 친환경 건축물에 관한 관심이 높아지고 있다. 이는 매우 고무적인 현상이다. 우리나라도 최근 몇몇 기관에서 친환경 건축물 인증을 하고 있는데, 미국의

LEED 인증에 비하면 사회적인 명성이 매우 낮고 효과에 관한 과학적 검증도 거의 없는 실정이다. 이런 상황에서는 친환경 녹색 건물의 확산은 매우 어려운 과제가 된다. LEED처럼 민간이 나서서 친환경 건물 인증의 통합을 이루어내는 것이 최선이고 인증의 가치를 높이는 작업이 필요하지만, 지금까지는 매우 더딘 상황이다. 정부의 시장 개입이 좋은 결과를 만들어내지 못할 경우도 많지만 친환경 건축물에 대한 유인책을 마련할 시점이 온 것으로 보인다. 도시의 지속가능성은 미룰 수 있는 과제가 아니다. 우리의 자녀 세대를 생각하면 말이다.

참고문헌

최유진(2011). 미국 그린빌딩 확산의 결정요인 분석: 정책 및 공간적 확산 요인을 중심으로. 국가정책연구 25(4): 5-26.

최현선(2011). 그린빌딩 평가제도의 국제적 기준 형성에 관한 연구-BREEAM과 LEED 제도의 발전과정에 관한 연구. 국토연구 71: 187-200.

홍원표(2014). 그린빌딩 국내외 최신동향 및 관련 규정. 한국조명 · 전기설비학회 2014년도 학술대회논문집: 150.

Dermisi, S. and McDonald, J. (2011). Effect of "Green" (LEED and ENERGY STAR) Designation on Prices/sf and Transaction Frequency: The Chicago Office Market. Journal of Real Estate Portfolio Management 17(1): 39-52.

Huang, L., Wu, J. and Yan, L. (2015). Defining and measuring urban sustainability: a review of indicators. Landscape Ecology 30:1175-1193

Mega, V. and Pedersen. J. (1998). Urban Sustainability Indicators. European Foundation for the Improvement of Living and Working Conditions, Dublin.

Miller, N. Spivey, J. and Florance, A. (2008). Does Green Pay Off? Journal of Real Estate Portfolio Management 14(4): 385-399.

Robinson, S. J. and Sanderford, A. R. (2016). Green Buildings: Similar to Other Premium Buildings? Journal of Real Estate Finance and Economics 52: 99-116.

Worldwatch Institute. (2007). State of the World: Our Urban Futre. New York and London: W.W. Norton & Company.

10

사회적 경제와 도시

— 사람 중심의 도시경제 체제의 구축

사회적 경제와 도시

사람 중심의 도시경제 체제의 구축

: 사회적 경제란?

고전적 성장이론에 따르면 경제는 크게 두 플레이어(player)로 구성된다. 첫 번째 플레이어는 공급자이며, 두 번째 플레이어는 수요자이다. 공급자는 기업을 의미한다고 볼 수 있고 수요자는 기업이 생산한 제품을 구매하는 일반 국민이다. 이 두 플레이어에 정부까지 경제 체제 안으로 끌어들인 이론이 이미 2장에서 설명한 바 있는 케인지안 이론이다. 이 이론에 따르면 경제는 공급자, 수요자 그리고 정부 등 세 플레이어로 구성된다.

사회적 경제는 기존 경제 이론으로 설명하기 매우 까다롭다. 고전적 성장이론이든, 케인지안 성장이론이든 경제학에서 설명하는 성장이론에 등장하는 플레이어는 모두 합리적인데 사회적 경제의 플레이어는 전혀 합리적이지 못하다. 합리성과 비합리성을 가르는 기준은 경제 체제의 플레이어들이 각자 자신의 이익을 극대화하느냐 아니냐이다. 기존 경제 이론이 설명하는 경제체제의 플레이어는 모두 자신의 이익을 극대화하는 방향으로 의사결정을 한다. 그런데 사회적 경제 체제 안에 있는 플레이어들은 기꺼이 자기 이익의 일부 혹은 전부를 포기한다.

자, 그렇다면 사회적 경제를 정의하기 위해 다음의 표를 확인해 보자.

<사회적 경제의 정의>

구분	전통적 기업	사회적 경제 기업
경영 목적	주주 이익 극대화	이익의 사회 환원(혹은 구성원 고른 분배)
잉여금 처리	자본 축적 혹은 재투자	사회 환원
기업의 자산	자본	구성원
의사결정	주주의 절대적 권한(하향식)	민주적 의사결정(1인 1표)

경영 목적의 측면에서[1] 일반적인 전통적 기업은 주주의 이익을 극대화하기 위하여 기업을 운영하는 반면에 사회적 경제를 수행하는 기업은 이익의 사회 환원 자체가 목적이거나 이익을 구성원에게 고르게 분배한다. 잉여금 처리 역시 전통적 기업은 재투자하거나 혹은 자본으로 축적하는 반면에 사회적 경제 기업은 사회로 환원한다. 또한, 기업의 자산은 자본이지만 사회적 경제 기업의 자산은 구성원이다. 비록 최근 전통적 기업 역시 인적 자본에 투자하지만, 여전히 자산으로 인식하는 것에는 한계가 있다. 반면 사회적 경제는 사람이 모이고 사람 자체가 마치 주식처럼 자산이 된다. 마지막으로 의사결정 측면에서 전통적 기업은 주주의 권한이 막대한 데 반하여 사회적 경제 기업은 매우 민주적이다. 특히 사회적 경제의 대표적 조직체인 협동조합의 경우 1인 1표를 기초로 구성된다.

사회적 경제의 등장배경과 활성화에 관한 몇 가지 이론

사회적 경제가 등장한 이유

사회적 경제의 등장 배경은 국가마다 사회마다 너무 다양하다. 하나의 국가 안에서도 지역에 따라 사회적 경제 부문은 조금씩 다르게 정의되고 있으며, 활성화 정도도 다르고 태동한 이유 역시 일치하지 않는다. 아마 이는 지역마다 처한 상황이 다르기 때문

1 이상의 정의는 Zhao(2013), Fridell(2009), Henry and Sills(2006), Kerlin(2006), Lippens and Ponsaers(2006) 등의 연구를 참조하여 요약한 것임

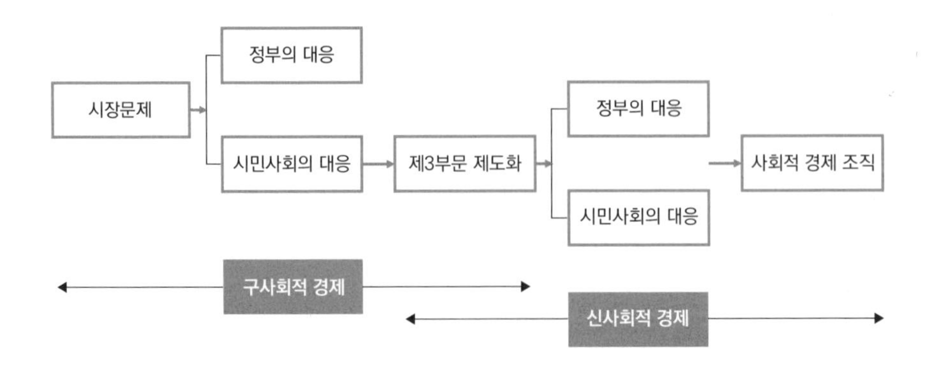

〈사회적 경제의 등장배경〉

출처: 이은선과 이현지(2017)

일 것이다. 그래서 이를 일률적으로 설명하기가 참 쉽지 않다.

그런데 이은선과 이현지(2017)의 설명은 매우 흥미롭다. 위의 그림을 보자.

사회적 경제의 등장 배경은 시장문제의 발생이라는 데 의심의 여지가 없다. 그런데 시장문제에 대한 대응은 폴라니의 지적처럼 크게 두 가지 갈래로 존재해왔다. 정부가 정부 나름의 대응을, 그리고 시민사회는 시민사회 나름의 대응을 한 것이다. 시민사회의 대응은 서구 사회에서 주로 제3부문(the third sector)의 제도화로 진전된다. 이은선과 이현지는 여기까지의 사회적 경제를 '구사회적 경제'로 정의하였다. 주로 시장문제에 대한 시민사회의 1차적 대응이 '구사회적 경제'이며 정부의 역할은 시민사회의 대응을 제도화시킨 정도에 머무른다.

하지만 시장문제의 본질이 더욱 복잡해지고 고질화됨에 따라 정부가 적극적으로 사회적 경제 부문을 활용하여 이를 해결하고자 한다. 여전히 시민사회는 시민사회 나름대로 시장문제의 폐해를 극복하고자 하지만 정부 역시 사회적 경제의 활성화를 통해 정부의 부족한 역할을 보충하고자 하는 것이다. 이은선과 이현지는 제3부문 제도화부터 '신사회적 경제'로 정의하였다.

이은선과 이현지가 밝히듯이 이 그림은 시간적 선후는 아니다. 즉, '구사회적 경제'가 반드시 '신사회적 경제' 전에 나타나거나 '신사회적 경제'가 '구사회적 경제'에 꼭 이어져서 발생하는 것은 아니다. 하지만 시간적 순서로 발생하는 면이 많다. 정부가 사회적 경제 부문을 활용하여 우리 사회의 문제를 해결하고자 노력하기 시작한 것은 비교적 최근의 일이기 때문이다.

사회적 경제는 왜 활성화되는가?: 몇 가지 이론

사회적 경제가 활성화되는 원인에 관해 사회과학자들은 다양한 이론을 활용하여 설명하고자 하였다.[2] 다음의 표를 먼저 확인하자.

<사회적 경제 활성화에 관한 이론>

이론	주요 요인	사회적 경제와의 관계
이질성이론(heterogeneity theory)	도시안의 다양성	정(+)
복지국가이론(welfare state theory)	경제의 성장	부(-)
상호의존이론(interdependence theory)	거버넌스에 대한 관심	정(+)
공급측면이론(supply-side theory)	사회적기업가 정신	정(+)

사회적 경제 활성화를 설명하기 위해 가장 많이 제시되는 이론 중 하나가 '이질성이론(heterogeneity theory)'이다. 도시가 이질적인 구성원으로 구성되어 있으면 정부의 서비스공급은 이질적인 구성원 모두를 만족시키지 못할 가능성이 커지므로 정부 실패(governmental failure)가 발생한다. 반면 도시의 구성원이 이질적이지 않고 균질하다면 정부의 서비스 공급은 상대적으로 쉬워지므로 정부 실패가 발생할 가능성이 상대적으로 낮아진다. 정부 실패가 발생하면 복지, 교육, 문화 등의 수요를 충족하지 못한 계층이 사회적 경제 주체의 활동에 의지하여 자신의 욕구를 충족하려 한다는 것이 이 이론의 골자이다. 따라서 도시 안의 다양성이 커지면 사회적 경제가 활성화될 가능성도 커진다.

그 다음으로 중요한 이론은 '복지국가이론(welfare state theory)'이라 할 수 있다. 복지국가이론은 사회적 경제의 역할을 정부 기능의 잉여(residual)에 불과하다고 지적한다. 사회적 경제는 정부의 역할이 부족할 경우에만 그 의미가 부여된다는 것이다. 이 이론에 따르면 산업화의 과정은 가족, 교회, 영주 등의 역할을 정부가 대신 하도록 하는 과정이므로 정부 영역의 확장이 불가피할 뿐만 아니라, 시민 사회의 복지 역시 자발적으로 해결할 것이 아니라 복지 국가 시스템에 의해서 해결해야 한다. 따라서 복지 국가 이론의 핵심은 경제의 성장(economic development)이다. 경제가 성장하면, 정부 영역이

2 사회적 경제 활성화에 관한 사회과학이론은 주로 살라몬과 앤하이어(1988), 살라몬, 소코로브스키와 앤하이어(2000), 페브킨(2011), 니산, 카스타노와 카라스코(2012) 등의 연구와 저자의 연구 논문인 "사회적 기업의 지역 내 확산 요인 분석"에서 발췌 후 요약한 것이다.

확장되어 정부의 역할이 사회 복지 영역의 전반에까지 미치게 된다. 이는 곧 사회적 경제 조직체의 존재 의미를 없어지게 하는 결과를 초래한다.

세 번째 제시할만한 이론은 '상호의존이론(interdependence theory)'이다. 이 이론의 핵심은 정부(도시정부 포함)와 사회적 경제 부문이 서로 협력 관계에 놓일 때 사회적 경제 부문도 발전할 수 있다는 것이다. 사회적 경제 조직체와 도시정부는 서로가 서로를 의지하며 발전할 수 있다. 도시 안에 사회나 시장 문제가 발생했을 경우 시민사회는 도시정부에 비해 훨씬 빠르게 대응할 수 있다. 도시정부는 복잡한 의사결정 과정을 거쳐야 문제 해결에 나설 수 있는 반면에 지역 사회와 밀접한 관계에 있는 사회적 경제 조직체들은 바로 해결에 나설 수 있기 때문이다. 도시정부 입장에서는 직접 해결하는 것보다 비용이나 해결에 걸리는 시간 측면에서 훨씬 효율적이다. 한편, 사회적 경제 조직체의 입장에서도 도시정부가 필요한 존재이다. 부족한 역량을 정부의 도움으로 채울 수 있기 때문이다. 따라서 이 이론에 따르면 도시정부의 정책결정자와 시민사회의 협치 의지가 클수록 서로 사회적 경제는 활성화된다.

마지막 제시할 이론은 '공급측면이론(supply-side theory)'이다. 공급측면이론은 사회적 기업이 등장하는 원인을 공급자, 다시 말해 창업자에 초점을 맞추고 있다. 사회적 경제의 조직체를 통해 재화를 공급하는 창업자는 사회적 기업가로 불린다. 사회적 기업가란 사회적 기업가 정신[3]을 기반으로 사회적 기업이나 협동조합 등을 창업하여 사회적 문제 해결에 적극적으로 나서는 사람을 의미한다. 분석하고자 하는 국가나 지역사회의 사회적 기업가 정신의 수준이 높거나 사회적 기업가가 될 수 있는 정신을 소유한 집단이 많이 거주한다면 사회적 기업 영역의 확장은 필연적이다. 하지만 사회적 기업가 정신의 수준을 국가 혹은 지역별로 측정하는 것은 거의 불가능에 가깝다. 따라서 사회적 기업가 정신의 수준이 높아질 수 있는 상황을 먼저 고려할 필요가 있다. 공급 측면 이론의 기본적인 가정은 사회적 기업가의 등장은 우연이 아니며, 사회적 기업의 공급을 촉진하는 특정한 상황이 존재한다는 것이다. 특정한 상황에 대해 선행연구자는 종교시설의 집적 정도를 언급했다. 사실 이는 서구 사회 중심의 생각이다. 과연 우리나라의 경우 사회적 기업가 정신이 잘 조성될 수 있는 상황은 어떤 상황일까?

3 이 책에서는 사회적 기업가 정신을 매우 중요하게 다루지는 않는다. 간단히 사회적 기업가 정신의 특징을 살펴보면, 패렌손(2011)은 첫째, 경제적 이윤 추구와 사회문제 해결을 동시에 추구하는 정신, 둘째, 혁신적인 이윤 창출 모형을 바탕으로 사회문제 해결에 적극적으로 나서는 정신, 셋째, 사회 문제 해결을 위해 지역사회와 공동체 구성원뿐만 아니라 종사자와도 협력적인 관계를 구축하는 정신 등으로 설명하고 있다.

우리나라의 사회적 경제 생태계

한 눈에 보기

다음의 그림은 우리나라의 사회적 경제를 한눈에 이해할 수 있도록 사회적 경제 생태계를 보여주고 있다.

사회적 경제 조직체는 크게 네 가지로 구분된다. 사회적 기업, 협동조합, 마을기업, 자활기업 등이 대표적인 사회적 경제 조직체이다. 이 중 법률에 의해서 관리되고 활성화 계획이 수립되는 대표적인 사회적 경제 조직체는 사회적 기업과 협동조합이다.

「사회적기업 육성법」은 2007년에 제정되어 총 여덟 번의 개정을 거쳐 지금에 이르고 있다. 「사회적기업 육성법」의 주무 부처는 고용노동부로서 정부는 고용 정책 중 하나로 사회적 기업을 육성하고 있다. 한편, 「협동조합 기본법」은 2012년에 제정되어 총 여섯 번의 개정을 거쳐 지금에 이르고 있는데 주무 부처는 기획재정부이다. 육성보다 관리에 초점이 맞추어져 있는 것으로 보인다.

유형	근거 법률	주무 부처	포털
사회적 기업	사회적기업 육성법	고용노동부	socialenterprise.or.kr
협동조합	협동조합 기본법	기획재정부	coop.go.kr
마을기업	없음	행정자치부/지자체	cbhub.or.kr
자활기업	국민기초생활보장법	보건복지부/지자체	없음

〈사회적 경제 한 눈에 보기〉

마을기업은 특별한 근거 법률이 없다. 마을기업은 대통령령인 「행정자치부와 그 소속기관 직제」에 행정자치부 소속으로 관리할 수 있는 근거 정도가 있을 뿐이다. 하지만 자활공동체로도 불렸던 자활기업은 상당한 역사성이 있다. 자활기업은 「국민기초생활보장법」에 설립에 관한 근거가 규정되어 있다. 2000년에 최초 제정된 이 법률에서는 중앙자활센터, 광역자활센터, 지역자활센터 등의 역할을 구분하고 있는데 자활기업의 창업 지원은 광역자활센터의 주 업무이다.

사회적 경제 조직의 네 가지 유형 중 어떤 유형의 역사가 가장 길까? 사실 이는 크게 중요한 문제가 아니다. 위와 같은 분류는 현행 법률을 근거로 하고 있지만, 사회적 경제는 대부분 시민사회에서 자발적으로 형성된 경제체제로서 유형에 구분을 받지 않고 혹은 인증 여부와 상관없이 지역 내에서 자생적으로 탄생한 조직체도 많기 때문이다.

다음으로는 우리나라의 사회적 경제 조직체의 간단한 특징과 현황을 살펴보도록 하자.

사회적 기업

사회적 경제 조직체 설립과 운영의 컨설턴트라 할 수 있는 '한국사회적기업진흥원'에 따르면 사회적 기업은 '영리기업과 비영리 기업의 중간 형태로, 사회적 목적을 먼저 추구하면서 재화·서비스의 생산·판매 등 영업활동을 수행하는 기업(조직)'을 말한다. 전통적인 기업이 추구하는 이익 창출을 포기하지 않으면서 사회적 문제 해결에 적극적으로 나서는 기업이란 의미이다. 사실 이와 같은 정의는 사회적 기업을 연구하는 학자들의 정의와 크게 다르지 않다.

「사회적기업 육성법」에서도 사회적 기업을 정의하고 있는데, 이 법률에서는 '취약계층에게 사회서비스 또는 일자리를 제공하여 지역주민의 삶의 질을 높이는 등의 사회적 목적을 추구하면서 재화 및 서비스의 생산·판매 등 영업활동을 하는 기업으로서 고용노동부 장관의 인증을 받은 기관'으로 정의하고 있다. 국가 법률인 만큼 정부 인증에 상당한 무게를 두고 있다. 우리나라에서 사회적 기업의 지속성은 정부 인증에 따른 지원에 좌우되는 것이 현실이다.

다음 페이지의 표는 「사회적기업 육성법」에 따른 인증 유형과 목적을 보여주고 있다. 크게 일자리제공형, 사회서비스제공형, 지역사회공헌형, 혼합형(취약계층 일자리 제공과 사회서비스 제공이 혼합)과 기타형으로 구분할 수 있다.

<사회적 기업의 인증 유형>

유형	조직의 주된 목적
일자리제공형	취약계층에게 일자리를 제공
사회서비스제공형	취약계층에게 사회서비스를 제공
지역사회공헌형	지역사회에 공헌
혼합형	취약계층 일자리 제공과 사회서비스 제공이 혼합
기타형	사회적 목적의 실현여부를 계량화하여 판단하기 곤란한 경우

협동조합

국제협동조합연맹에 의하면 협동조합이란 '공동으로 소유되고 민주적으로 운영되는 사업체를 통하여 공통의 경제적, 사회적, 문화적 필요와 욕구를 충족시키고자 하는 사람들이 자발적으로 결성한 자율적인 조직'으로 정의된다. 우리나라의 「협동조합 기본법」은 여기에 더해 '지역사회에 공헌하는 조직'이란 개념을 추구하였다.

사실 협동조합은 조직 구성의 한 방법으로 이해할 수 있다. 사회적 기업이나 마을기업, 자활기업 등은 협동조합의 형태를 취하기도 하며 이에 따라 이미 인증을 받은 사회적 기업이나 마을기업 등은 기획재정부에 협동조합으로 다시 인증을 받는 경우가 많다.

우리나라의 협동조합은 금융과 보험업 등 규제 법률이 존재하는 경우를 제외하면 거의 모든 영역에서 설립할 수 있다. 한편 우리나라의 협동조합은 「협동조합 기본법」에 따르면 '일반협동조합'과 '사회적 협동조합'으로 구분된다. 다음의 표는 일반협동조합과 사회적 협동조합의 특징을 구분하여 설명하고 있다.

<일반협동조합과 사회적 협동조합의 구분>

특징	일반협동조합	사회적 협동조합
등록	시도지사에 신고	기획재정부 장관에게 허가
사업	금유와 보험업을 제외한 모든 영역	모든 사업의 40% 이상이 공공 사업으로 진행
잉여금의 처리	10% 적립	30% 적립
배당	가능	불가능

일반협동조합은 시도지사에 신고하여 등록하면 금융업과 보험업을 제외한 거의 모든 영역에서 자율적으로 경제 활동을 영위할 수 있다. 하지만 사회적 협동조합은 기

획재정부 장관의 허가를 받아야 하며 모든 사업의 40% 이상을 공공사업으로 수행해야 한다. 잉여금에 있어서는 일반협동조합은 10%만 적립하면 되지만 사회적 협동조합은 30%를 적립해야 하고 그 이상의 잉여에 있어서 일반협동조합은 배당할 수 있지만 사회적 협동조합은 배당할 수 없다.

운영 목적에 있어 사회적 기업과 사회적 협동조합에는 큰 차이가 없다. 다만 조합의 형태를 취하면 협동조합으로 인증을 받을 수 있다. 따라서 사회적 기업으로 인증을 받은 기업체 중 조합 형태 기업은 협동조합으로 인증을 받을 수 있다.

마을기업

마을기업은 '지역주민이 각종 지역자원을 활용한 수익사업을 통해 공동의 지역 문제를 해결하고, 소득 및 일자리를 창출하여 지역 공동체 이익을 효과적으로 실현하기 위해 설립 운영하는 마을 단위의 기업'을 의미한다(www.cbhub.or.kr). 마을기업이 사회적 기업이나 협동조합과 구분되는 가장 뚜렷한 특징은 바로 '지역성'에 있다. 지역 자산을 활용하여 지역 문제를 해결하고 동시에 이윤까지 추구하는 것이 바로 마을기업이다.

행정자치부의 마을기업 육성 사업을 통해 지원을 받기 위해서는 기업성뿐만 아니라 공동체성과 공공성, 그리고 지역성을 갖추어야 한다. 마을기업은 5인 이상의 출자로 설립할 수 있는데 최대 출자자의 출자액이 총 출자액의 30%가 넘으면 설립허가가 나지 않는다. 이와 같은 기업 설립 방식은 협동조합과 매우 유사한 방식으로 법률에 근거한 구분은 가능하지만, 개념적 정의로는 거의 유사한 조직체로 볼 수 있다. 우리나라의 협동조합도 대부분 지역을 기초로 하고 있다.

자활기업

자활공동체로도 불리는 자활기업은 자활근로사업단을 통해 근로여건과 의지가 충분하게 높아져 취약계층이 참여하는 형태의 공동창업 모델을 말한다. 자활기업은 광역자활센터가 창업지원을 하는 기업으로서 법률에 의해 자활을 위한 사업자금 융자, 국유지 · 공유지 우선 임대, 국가나 지방자치단체가 실시하는 사업의 우선 위탁, 국가나 지방자치단체의 조달구매 시 자활기업 생산품의 우선 구매 등의 지원을 받을 수 있다.

자활기업 역시 공동창업 모델이라는 점에서 협동조합의 형태를 취하는 경우가 많다. 이런 경우 사회적 협동조합으로 인증을 받을 수 있다.

사회적 경제 조직체 현황

사회적 경제 조직체 현황은 우리나라의 대표적 조직체인 사회적 기업과 협동조합을 중심으로 알아볼 것이다. 사회적 기업의 인증은 2007년부터 시작되었으며 협동조합의 등록 업무는 2012년부터 시작되었다. 마을기업을 표방하고 있는 많은 수의 기업들이 사회적 기업이나 협동조합으로 인증을 받았고 자활기업은 정확한 계량화가 어려운 상태이다.

사회적 기업 현황

인증 업무가 시작된 이래 사회적 기업의 인증은 꾸준히 증가하고 있다. 2015년을 기점으로 약간 주춤하고 있으나 2017년 연말 인증 데이터를 확인하면 이런 추세가 고착될 것인지 판단할 수 있을 것이다. 이 책이 집필되고 있는 현재까지 총 1,776개의 사회적 기업이 인증을 받았다. 물론 현재 이 모든 기업이 기업으로서 경제 활동을 영위하고 있는지는 확실하지 않다. 사회적 기업으로의 정체성을 포기했을 수도 있고 파산을 했을 수도 있다.

사회적 기업이 창업하는 주요 영역은 문화예술, 청소, 교육, 환경 등의 분야이다. 대부분 도시민의 삶과 직결되는 분야로서 사회적 기업의 활성화는 도시민의 삶의 질을 향상시킬 수 있는 방안이 될 수 있음을 추정할 수 있다.

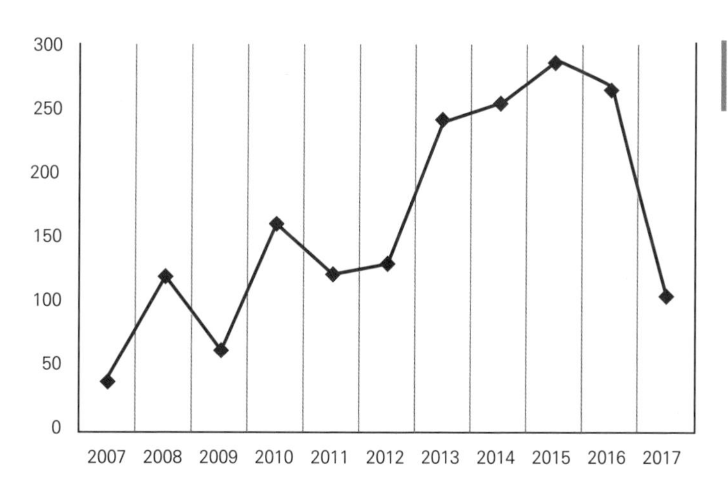

사회적 기업 인증 추이 (2017년 7월 현재)

인증 업무가 시작된 이래, 사회적 기업의 인증 수는 꾸준히 증가하고 있는 것을 알 수 있다.

출처: www.socialenterprise.or.kr

사회적 기업 주요 영역

인증을 받는 사회적 기업의 주요 영역은 문화예술 분야, 청소 분야, 교육, 분야, 환경 분야, 사회복지 분야, 간병가사지원 분야 등이다.

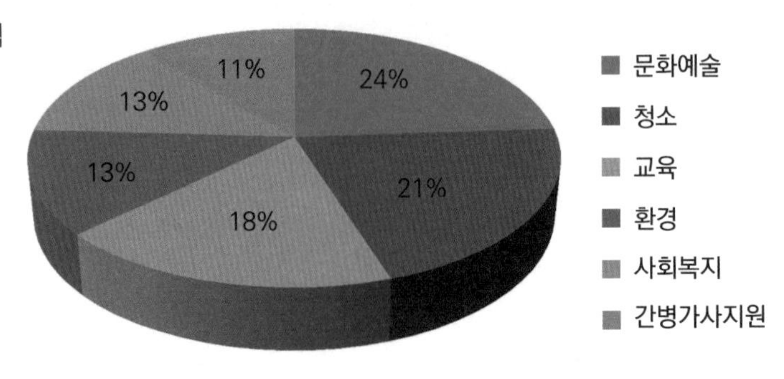

출처: www.socialenterprise.or.kr

협동조합 현황

협동조합의 등록 업무가 시작된 이래, 2013년에는 무려 3,100개의 조합이 등록하였다. 1년 사이에 이 많은 수의 협동조합이 창업되었다기보다는 이미 활동을 하고 있었던 협동조합이 광역시도 혹은 기획재정부에 등록한 것으로 볼 수 있다. 이 책이 집필되고 있는 현재 11,626개의 협동조합이 등록한 것으로 확인되고 있다. 사회적 기업과 마찬가지로 이 모든 협동조합이 현재까지 활동하고 있는지는 확인할 수 없다.

협동조합의 주요 창업 영역은 도매 및 소매업, 교육 서비스업, 농업, 어업 및 임업, 제조업, 여가관련 서비스업, 협회 및 단체, 보건업 및 사회복지 서비스업 등으로서 도시민의 소규모 창업과 관련이 매우 큰 것으로 추정할 수 있다. 이는 협동조합의 활성화가

협동조합 인증 추이 (2017년 7월 현재)

2012년 협동조합의 등록 업무가 시작된 이래, 많은 수의 협동조합이 등록하였으나 2013년을 기점으로 조금씩 인증 수는 적어지고 있는 것을 알 수 있다.

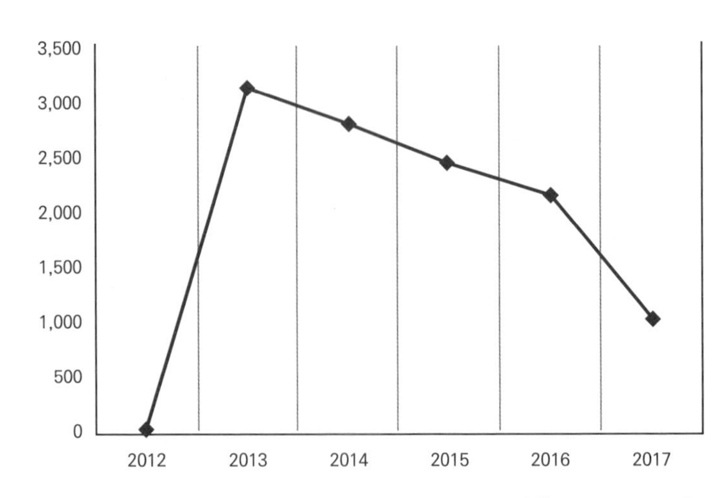

출처: www.coop.go.kr

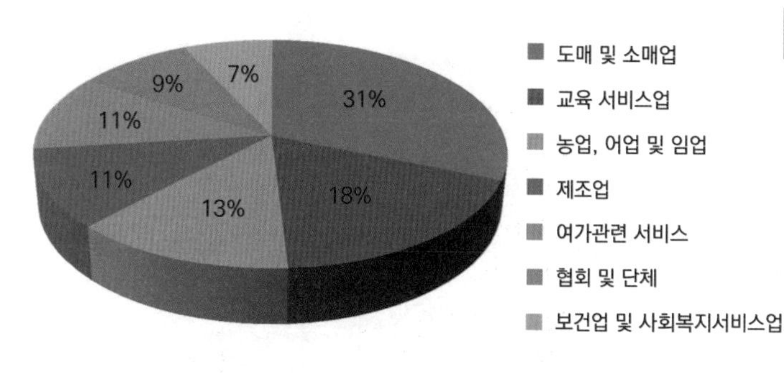

출처: www.coop.go.kr

협동조합 주요 영역

등록하는 협동조합 의주요 경제 분야는 도매 및 소매업, 교육 서비스업, 농업, 어업 및 임업, 제조업, 여가관련 서비스업, 협회 및 단체, 보건업 및 사회복지 서비스업 등이다.

도시경제의 활력과도 매우 큰 관련이 있을 것을 의미하는 것이다.

사회적 경제의 지역별 분포

다음의 지도는 저자가 오픈 소스인 QGIS를 활용하여 사회적 기업과 협동조합의 지리적 분포 정도를 나타낸 것이다. 기본적으로 사회적 기업과 협동조합 모두 강원도부터 전라남북도를 잇는 지역에 위치한 도시에 활성화 정도가 큰 것을 알 수 있다. 다만 사회적 기업은 협동조합보다 우리나라 전역에 비교적 고르게 활성화되어 있는 반면에 협동조합은 상대적으로 경상남북도의 활성화 정도가 매우 떨어진다. 사회적 기업의 창업은 경제 상황에 크게 영향을 받지만 협동조합의 활성화 정도는 자발성에 영향을 크게 받고 있는 것을 추정할 수 있다. 전라남북도보다 지역경제가 양호한 경상남북도에 사회적 기업은 비교적 활성화되어 있으나 협동조합의 활성화 정도는 떨어지는 것이 근거이다.

사회적 기업의 지역 분포

한반도 전체를 비교해보면, 경부축과 반대되는 축, 다시 말해 강원도부터 전라남북도를 직선으로 잇는 지역에 위치한 도시에 사회적 기업 활성화 정도가 큰 것을 확인할 수 있다.

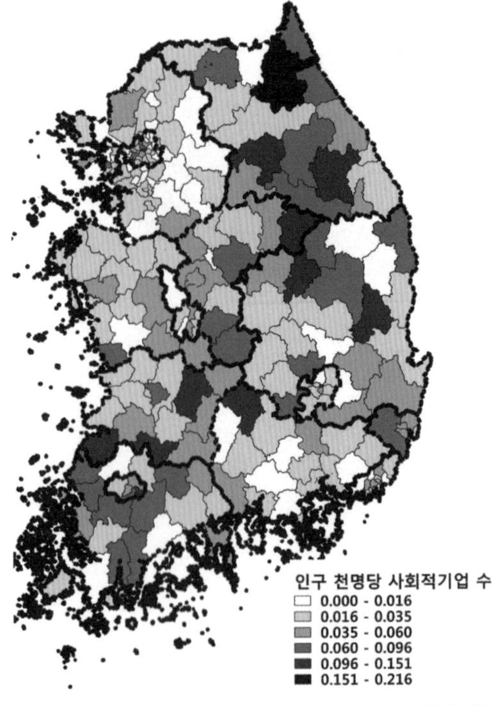

지도제작: 저자

협동조합의 지역 분포

협동조합 역시 강원도에서부터 전라남북도를 잇는 지역의 도시에 활성화 정도가 큰 것을 알 수 있다. 이러한 경향이 사회적 기업보다 더 뚜렷한데 협동조합은 경상남북도와 부산에서 활성화 정도가 매우 적은 것을 확인할 수 있다.

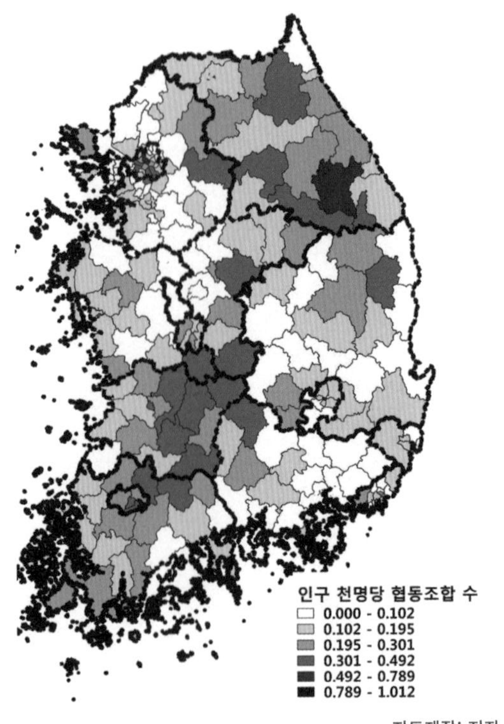

지도제작: 저자

사람 중심의 도시경제 체제를 위하여

우리나라의 도시경제는 중앙정부의 투자에 크게 의존해왔다. 신도시 개발이 대표적이라 할 수 있는데 중앙정부의 공간적 선택에 의해 신도시가 개발되면 많은 자본과 사람이 그곳에 모이게 되고 일시적이나마 매우 부유한 도시가 순식간에 탄생하게 된다.

기존의 재개발 정책도 마찬가지이다. 구도심 활성화라는 명분으로 원주민의 삶의 터전이었던 상권과 주거지는 순식간에 사라지고 이들은 대형마트와 기존 집값의 열 배가 넘는 훤칠한 아파트로 대체되었다. 이런 도시개발 과정에 과연 '사람'에 대한 배려와 관심, 그리고 사랑이 있었을까? 그동안 우리는 부를 축적하기 위하여 누군가에게는 매우 비인간적이었다. 도시가 성장한다는 것. 매우 짧은 문장이지만 그 안에는 많은 사람의 눈물이 묻어있다.

우리나라의 대다수 도시정부는 재정적으로 매우 열악하다. 도시정부 스스로의 돈으로 도시정부가 하고 싶은 일의 반 정도 할 수 있으면 그나마 다행이다. 부족한 돈은 중앙정부에 의존할 수밖에 없었고 도시개발과 관련한 대부분의 정책은 중앙정부의 힘으로 집행할 수 있었다.

중앙정부에 의하여 운 좋게 산업단지가 도시 안에 건설되거나 기업도시 혹은 혁신도시 등으로 지정을 받아 막대한 자본이 지역으로 들어오게 되면 도시의 발전은 순식간에 달성된다. 하지만 딱 거기까지이다. 언젠가 도시는 쇠퇴한다. 사람들의 눈물 속에 건설된 아파트와 대형마트도 언젠간 부스러질 수밖에 없다.

사람이 중심이 되는 경제, 눈물을 강요하지 않고 서로 행복해질 수 있다고 말하는 경제, 그것이 사회적 경제이다. 우리나라의 사회적 경제는 여전히 갈 길이 매우 멀다. 사회적 경제 조직체의 지속가능성은 당면 과제이다. 그럼에도 불구하고 많은 도시가 이미 쇠퇴로 인한 난관을 극복하는 데에 사력을 다하고 있는 이 시점에 사회적 경제는 나름의 해결책을 제시해 줄 수 있다.

도시 안의 기존 기업들은 고용을 창출하는 데 한계에 부딪히고 있다. 생산비 절감을 위해 상당수의 지방 기업도 해외로 공장을 이전하고 있는 이때 사실상 중견 기업 아래 수준의 기업에서 고용이 창출되기란 거의 불가능하다. 하지만 우리의 사회적 경제는 나름의 노력을 기울이고 있다. 여전히 갈 길이 먼 것도 사실이다. 정부 투자 효과에 관한 실효성 논란도 있고 제품의 질에 관한 논란도 있다. 사회적 기업가의 역량에 관한 문제 제기도 없지 않다. 그럼에도 불구하고 적지 않은 기업이 사회적 기업 혹은 협동조합을 표방하며 창업을 하고 있고 또 적지 않은 기업에서 청년과 노년층, 여성, 다문화 가정 등 사회적 약자에게 일자리를 제공하고 있다.

도태되어가는 사회적 경제 기업의 수가 증가할수록 어쩌면 도시경제 활성화에 관한 우리의 소망의 빛은 점점 옅어져 가는 것일 수도 있다. 더욱 큰 관심이 필요할 뿐만 아니라 그동안의 편견을 깨는 작업도 중요하다. 지금 도시 안에서 일자리를 현실적으로 만들어 내는 사회적 경제의 활성화를 위해 생태계를 건전하게 가꾸고 이 분야 진출을 원하는 우리의 청년들과 여성들, 사회적 약자들이 우리 사회에서 설 자리를 가질 수 있도록 정부 차원의 대책과 더불어 우리의 응원이 필요하다.

참고문헌

이은선 · 이현지(2017). 사회적경제의 개념과 발전, 제도화－폴라니의 이중적 운동을 중심으로. 한국사회와 행정연구 28(1): 109－138.

최유진(2016). 사회적 기업의 지역 내 확산 요인 분석. 지방정부연구 20(3): 111－132.

Fridell, G. (2009). The Co－Operative and the Corporation: Competing Visions of the Future of Fair Trade. Journal of Business Ethics. 86: 81-95.

Henry, S. and Sills, S. (2006). Informal economic activity: Early thinking, conceptual shifts, continuing patterns and persistent issues－a Michigan study. Crime, Law and Social Change. 45: 263-284.

Kerlin, J. A. (2010). A Comparative Analysis of the Global Emergence of Social Enterprise. Voluntas. 21: 162-179.

Lippens, R. and Ponsaers, P. (2006). Re－visiting the informal economy: Introductory notes. Crime, Law and Social Change. 45(4－5): 259－261.

Nissan, E., Castaño, M. and Carrasco, I. (2012). Drivers of non－profit activity: a cross－countryanalysis. Small Business Economics 38 (3): 303－320.

Pärenson, T.(2100). The criteria for a solid impact evaluation in social entrepreneurship. Society and Business Review 6(1): 39－48.

Pevcin, Primoz (2011). Size and Importance of Civil Society Sector. International Journal of Arts & Sciences 4(17): 371－379.

Salamon, L. M. and Anheier, H. K. (1998). Social origins of civil society: Explaining the nonprofit sector cross nationally. Voluntas 9(3): 213－248.

Salamon, L. M, Sokolowski, S. W., and Anheier, H. K. (2000). Social origins of civil society: An overview. Working Paper of the Johns Hopkins comparative nonprofit sector project no. 38, The Johns Hopkins Center for Civil Society Studies, Baltimore.

Zhao, L. (2013). Conceptualizing the Social Economy in China. Modern Asian Studies. 47(3): 1083－1123.

색인

저자 소개

저자는 중앙대학교에서 행정학 학사, 같은 대학의 대학원에서 행정학 석사를 취득한 후 미국 클리블랜드 주립대학(Cleveland State University)에서 도시 및 행정학 박사학위를 취득하였다. 한국행정연구원의 부연구위원을 거쳐 2013년부터 강남대학교 공공인재학과에 교수로 재직 중에 있다.

저자는 쇠퇴하는 도시의 문제점을 진단하고 이로부터 발생하는 고통을 최소화하는 정책처방에 관심이 많다. 저자가 도시행정 분야에 집중적으로 논문을 발표하는 이유이기도 하다.

주요 저서로는 '지방자치의 이해(신조사, 공저)'와 'R을 활용한 계량분석 강의노트(윤성사)' 등이 있다.

도시, 다시 기회를 말하다 – 쇠퇴하는 도시의 일곱 가지 난제 풀이

초판발행 2017년 12월 25일

지은이 최유진
펴낸이 안종만

편 집 전은정
기획/마케팅 장규식
표지디자인 권효진
제 작 우인도·고철민

펴낸곳 (주) 박영사
서울특별시 종로구 새문안로 3길 36, 1601
등록 1959. 3. 11. 제300-1959-1호
전 화 02)733-6771
f a x 02)736-4818
e-mail pys@pybook.co.kr
homepage www.pybook.co.kr
ISBN 979-11-303-0476-2 93350

copyright©최유진, 2017, Printed in Korea

* 잘못된 책은 바꿔드립니다. 본서의 무단복제행위를 금합니다.
* 저자와 협의하여 인지첩부를 생략합니다.

정 가 25,000원